노년부
성경공부
Ⅱ-2

노년을 위한 성경의 파노라마

말씀 청춘

복음서편 2-예수님의 생애와 교훈

대한예수교장로회총회 교육자원부 편

한국장로교출판사

노년을 위한 교육목회 시리즈

말씀 청춘

초판인쇄 2019년 7월 20일
초판발행 2019년 7월 30일

편집인 대한예수교장로회총회교육자원부
총무 김치성
주소 03128 / 서울특별시 종로구 대학로 3길 29 한국교회100주년기념관
전화 (02) 741－4356 / (F) 741－3477
홈페이지 www.edupck.net

발행인 채형욱
발행소 한국장로교출판사
주소 03129/ 서울 종로구 대학로 19, 409(연지동, 한국기독교회관)
전화 (02) 741－4381 / (F) 741－7886
영업국 (031) 944－4340 / (F) 944－2623
등록 No. 1－84(1951. 8. 3.)

감 수 류영모 요 목 홍정근 전체기획 이진원, 강푸름
집 필 자 강두성 권용근 김승민 김승학 김후식 문은희 민경운 박미경 손병렬 안재평 이선재 이성희 이진원 이희수 정영택 조용선 조재호 조혜민 홍정근 황해국
출판편집 원지현, 이우진 표지 디자인 최종혜

머리말

노년을 대상으로 한 성경공부 교재인 "말씀청춘" 시리즈를 출판하게 됨을 하나님 앞에 감사드린다.

지금까지 많은 이들이 교회학교를 영아부부터 청년부까지만이라고 오해하는 경우가 종종 있어 왔지만 실제로 교회학교는 모든 연령대를 포함하는 교회의 교육목회를 담당하여 왔다. 더군다나 100세 시대인 요즘 교회학교는 장년부와 노년부를 포함하여 모든 연령대를 교회학교의 범주에 편입시키고 있다. 이런 면에서 노년부 성경공부 교재인 "말씀청춘" 시리즈의 출간은 교회학교 내에 노년부가 신앙적으로 건강하게 운영되도록 돕게 될 것이다.

우리 총회는 노년부 교재를 몇 차례에 걸쳐 개발하였다. "하늘향기" 시리즈와 "하늘잔치" 시리즈가 그 대표적인 교재들이다. 그리고 이번에 성경의 파노라마로 펼쳐지는 "말씀청춘"이 새롭게 출간되었다.

교재가 나오기까지 수고하여 주신 분들에게 감사드린다. 성경의 파노라마 감수와 요목을 위해 수고 해주신 류영모 목사와 홍정근 목사께 감사드리며 바쁘신 가운데도 좋은 글로 함께 해주신 집필자 여러분들께도 깊은 감사를 드린다. 본 교재가 나오기까지 전체 기획과 편집을 위해 수고하신 총회교육자원부 실장 이진원 목사와 강푸름 목사 그리고 한국장로교출판사 사장 채형욱 목사와 직원 여러분에게도 감사를 드린다.

2019년 5월

총회교육자원부 총무

김치성 목사

말씀청춘 둘러보기

둘러보기1. 어떻게 구성되었나요?

노년기의 관점에서 신구약 성경 전체를 구속사적 흐름을 따라 바라볼 수 있도록 학기당 20과씩 총 120과로 진행되어 말씀 안에서 지속적인 신앙성장에 도움이 되도록 했습니다.

각 과는 네 단계의 과정으로 되어 있고 30분~40분 동안 진행할 수 있습니다. 각 과는 "오늘의 믿음 구호"를 외치고 오늘의 말씀을 읽고 함께 찬송을 부르며 시작합니다. 구성은 다음과 같습니다.

1. 생각으로의 초대 예화를 통해 자신의 삶을 돌아보고 마음을 엽니다.
2. 말씀으로의 초대 말씀 속에서 하나님의 뜻을 발견합니다.
3. 삶으로의 초대 말씀을 우리의 삶에 적용하고 실천할 수 있는 활동을 함께 나눕니다.
4. 기도로 아뢰기와 주기도 깨달은 말씀을 마음에 새기며 하나님의 도우심을 구합니다.

둘러보기2. 어떤 내용을 다룰까요?

노년부 교재라는 특성을 고려하여 아래와 같은 내용을 선정하여 다루고 있습니다.

1. 성경 전체를 구속사의 관점에서 바라볼 수 있도록 하였습니다.
2. 성경의 연대기를 반영하여 쉽게 이해하도록 하였습니다.
3. 성경인물의 이야기와 삶을 다양하게 반영하였습니다.
4. 삶의 지혜를 담고 있는 본문을 중심으로 합니다.
5. 전반기는 사순절과 부활절, 후반기는 추수감사절과 성탄절 절기를 반영하였습니다.

둘러보기3. 어떻게 활용할까요?

본 교재는 실제 삶의 자리에서 일어나는 많은 일들을 소재로 하는 예화를 통해 서로 진솔하게 이야기를 나누고 성경을 통하여 우리의 모습을 성찰하고 결단하여 깨달은 내용을 실천할 수 있도록 쓰였습니다. 각 교회의 사정에 따라 효율적으로 활용할 수 있는 다양한 방법을 다음과 같이 제안합니다.

1. 소그룹으로 나누어 진행해요.

* 5－7명이 한 개의 소그룹을 이루면 가장 좋습니다.
* 서로 비슷한 연령대의 사람들을 같은 소그룹에 편성해 주면 서로 공감대를 형성하는 데 도움이 됩니다.
* 그룹원 중에 역할을 나누어 줍니다.
  ① 조장 : 전체공지사항 전달, 단체 SNS 활성화
  ② 도우미 : 간식준비, 사진관리, 모임장소, 준비물 확인

2. 40주로 나누어 진행해요.

1년 동안 동절기 하절기를 뺀 40주간 매주 1회 진행할 수 있도록 구성하였습니다. 교회에 사정에 따라 유동적으로 진행하시기 바랍니다.

3. 온라인 SNS를 활용해요.

* 함께 성경공부와 QT를 함께 나눈다는 마음으로 동참합니다.
* 도움이 되는 찬양이나, 서적, 신문 기사나 동영상을 올려 줍니다.
* 매일 한 명씩 담당자를 정해 기도문이나 찬양을 올리도록 합니다.
* 공지사항을 전달하거나 확인합니다.
* 가정에서의 실천사항을 인증샷이나 후기로 올려 구성원들과 공유합니다.
* 함께하는 사람들과 시간을 정하여 중보기도 모임을 갖습니다.

4. 서로를 위해 기도하며 진행해요.

<table>
<tr><th>이름</th><th colspan="4">함께 품고 함께 기도해요.</th></tr>
<tr><td rowspan="3"></td><td>가족</td><td></td><td>가족 연락처</td><td></td></tr>
<tr><td>연락처</td><td></td><td>메일주소</td><td></td></tr>
<tr><td>기도제목</td><td colspan="3"></td></tr>
</table>

5. 이것만은 꼭 약속해요!

모임의 원활한 진행과 활성화를 위해 다음의 다섯 가지 약속을 함께 다짐하며 힘차게 출발합시다. 추가로 더 약속을 정하여도 좋습니다.

나 ____________는 성경공부에 다음과 같이 성실히 임할 것을 약속합니다.

20 년 월 일

내 용	서약
약속1 모임시간 지키기	
약속2 마치는 시간 지키기	
약속3 주제에서 벗어난 내용은 자제하기	
약속4 진실되게 말씀 앞에 마음을 오픈하기	
약속5 함께 나눈 대화내용은 절대! 비밀 보장하기	

다섯 가지 약속과 함께 행복한 말씀청춘이 되기 위해 함께 읽도록 합니다.

우리는 행복한 말씀청춘!

1. 다양한 사람들이 한 성령님 안에서 아름다운 공동체를 이룹니다.
2. 기쁜 일, 슬픈 일이 생겼을 때 자기 일같이 나서서 서로를 챙깁니다.
3. 모일 때마다, 서로의 기도 제목을 내어 놓고 기도합니다.
4. 모일 때마다, 서로 격려하고 칭찬합니다.
5. 모일 때마다, 세상 이야기보다 영적인 이야기에 집중합니다.
6. 모일 때마다, 말씀을 배우려는 마음의 자세를 가집시다.
7. 모일 때마다, 참석하지 않은 분의 가정 분위기를 파악하고 대처합니다.
8. 모일 때마다, 새로 온 분이나 믿음이 어린 분을 항상 배려합니다.
9. 모일 때마다, 함께 성경공부하는 분들의 영적 성장과 건강을 위해 기도합니다.
10. 모일 때마다, 참석한 모든 사람이 한 마디 이상씩 자신의 생각을 이야기하도록 합니다.

차례

감 수 류영모　전체기획 이진원 강푸름　요 목 홍정근
집 필 자 강두성 권용근 김승민 김승학 김후식 문은희 민경운 박미경 손병렬 안재평 이선재 이성희 이진원 이희수 정영택 조용선 조재호 조혜민 홍정근 황해국

제1과 가나의 혼인잔치

주안점 / 주님으로 인한 풍성함을 누리는 삶을 기대합시다.

오늘의 믿음구호 외치기 _ “인간은 목마르고 하나님은 물 주신다.”

★ 본문말씀 _ 요한복음 2:1~10

“사흘째 되던 날 갈릴리 가나에 혼례가 있어 예수의 어머니도 거기 계시고 예수와 그 제자들도 혼례에 청함을 받았더니 포도주가 떨어진지라 예수의 어머니가 예수에게 이르되 저들에게 포도주가 없다 하니”(1–3절)

★ 함께 부르는 찬송 _ 찬송가 309장 1절

1. 목마른 내 영혼 주가 이미 허락한 그 귀한 영생수 주여 갈망합니다 그 약속 따라서 힘써 간구하오니
오 주여 내기도 어서 들어 주소서 예수의 사랑 예수의 사랑 바다 물결같이 내게 임하니
영광의 물결에 온전히 싸여서 내 영혼의 기쁨 한량없도다

생각으로의 초대

한국사회의 소외현상을 문학적으로 잘 표현해 준 조세희의 저서 『난장이가 쏘아 올린 작은 공』에서 풍요 속의 빈곤 현상을 다음과 같이 묘사하고 있습니다.
"물, 물, 어디를 보나 물뿐 그러나 한 방울도 마실 수 없다. 배를 잃은 늙은 수부가 바다에 떠 있었다. 물 가운데서 그는 목말라했다. 밖에서 회색에 싸인 축소된 집과 축소된 식구들을 들여다보고 늙은 수부를 생각했다. 그와 똑같았다."
–『난장이가 쏘아 올린 작은 공』중에서

위의 글을 읽으며 물을 보면서 물을 마시지 못하는 안타까움과 물을 마시지 못하는 이유를 이야기해 봅시다.

말씀으로의 초대

기쁨의 혼인 잔치에도 위기는 있었습니다.

유대인의 결혼식은 밤에 화려하게 이루어집니다. 신랑은 신부와 결혼을 하기 위해 많은 지참금을 지불하고 신부를 데려옵니다. 그리고 밤 시간에 이루어지는 결혼식은 가족과 친척 외에도 지인들이 참석합니다. 이 잔치를 위해 양가의 부모들도 많은 준비를 하고 풍성한 자리를 마련하여 함께 축제를 즐깁니다.

예수님 당시 가나의 잔칫집에 예수님과 어머니 마리아도 초대를 받았습니다. 잔칫집 일에 관계하고 있는 마리아의 모습을 보면 그들의 친척인 듯 보입니다. 마리아가 음식 일을 돕는 중에 포도주가 얼마남지 않은 것을 발견합니다. 포도주는 잔치의 흥을 돋우는 데 필히 있어야 할 음식으로 포도주가 떨어지면 잔치의 흥이 완전히 깨지기 때문에 매우 심각한 상황입니다. 그런데 이 사실을 잔치를 진행하는 연회장도 몰랐고 신랑신부와 그의 부모들도 몰랐습니다. 잔치가 심각한 위기에 직면한 것을 안 마리아가 해결책을 간구합니다.

예수님은 위기를 풍성함으로 바꾸십니다.

마리아는 이에 대한 해결 방안을 예수께 요청했습니다. 바르트는 마리아의 요청을 잔칫집을 위한 중보기도였다고 말합니다. 요청을 받은 예수께서는 '아직 자신의 때가 아니다'라고 했지만 결국 마리아의 요청에 응하십니다. 예수는 특별한 방법으로 문제를 해결하는 것이 아니라 평소에 사용하던 항아리에 물을 채우게 함으로 문제를 해결하고자 했습니다. 이때 종들도 예수의 명령을 따라서 물을 가득 채웠고 그 물을 다시 나누어 줄 때 물이 포도주로 바뀌었습니다. 이 일로 위기에 직면했던 잔칫집은 더 풍성하게 되었고, 참석했던 모든 하객들이 "사람마다 좋은 포도주를 내고 취한 후에 낮은 것을 내는데 이 집은 지금까지 좋은 포도주를 두었다"고 칭찬했습니다.

가나의 혼인잔치는 여러 사람들의 수고와 기다림의 결정체이자 위기를 풍성함으로 바꾸어 주신 예수님의 은혜이자 선물입니다. 누구에게나 인생의 위기가 찾아올 수 있지만, 하나님께서는 늘 우리에게 피할 길을 주십니다. 이 잔치 속에 위기를 인식한 마리아의 대처방법에서 우리는 무엇을 배울 수 있습니까?

우리는 삶에서 만나는 위기의 상황을 어떻게 대처합니까?

삶으로의 초대

1. 우리 사회의 목마른 현실과 위기 내용을 찾아봅시다.

① 가정

② 교회

③ 지역

2. 예수님은 "내가 온 것은 양으로 생명을 얻게 하고 더 풍성하게 하려함"(요 10:10)이라고 말씀하셨습니다. 오늘 예수님은 우리에 대해 어떠한 처방을 주실지 생각해 보고 나눠 봅시다.

3. 예수님의 말씀을 들은 우리가 해야 할 일들은 무엇일지 나눠 봅시다.

기도로 아뢰기와 주기도

하나님 아버지! 잘 살기 위해 노력하지만 마음속 공허는 채워지지 않습니다. 모아진 재산으로 열심히 먹고 마셔 보아도 여전히 목마르고 허기를 느낍니다. 외로워서 사람들을 찾아가 보아도 그 외로움은 갈수록 더해 갑니다. 생명의 주님께서 친히 오셔서 우리의 삶을 풍성하게 하시고 우리를 위로하여 주옵소서. 예수 그리스도의 이름으로 기도합니다. 아멘.

제2과 하인을 챙기는 백부장

주안점 / 하나님 주신 마음으로 상대방을 배려합시다.

오늘의 믿음구호 외치기 _ "누군가를 배려하여 복된 삶을 살아가자!"

★ 본문말씀 _ 마태복음 8:5~13

"이르되 주여 내 하인이 중풍 병으로 집에 누워 몹시 괴로워하나이다"(6절)

★ 함께 부르는 찬송 _ 찬송가 463장 2절

2. 사랑하기 원합니다 진심으로 진심으로 사랑하기 원합니다 진심으로
진심으로 진심으로 사랑하기 원합니다 진심으로

생각으로의 초대

한 부부가 점포를 열었습니다. 운이 좋게도 장사가 매우 잘되어 매출이 쑥쑥 올랐습니다. 그러나 이상하게도 바로 옆 가게는 장사가 잘 되지 않았습니다. 사실 다른 가게가 장사가 잘 되건 말건 본인들과는 큰 상관이 없는 일일 텐데, 그들은 가게의 규모를 줄이고 손님이 오면 옆 가게로 보내주었습니다. 그 결과로 시간이 평소보다 남게 되자 아내는 평소에 관심 있던 글쓰기를 시작했습니다. 그리고 소설을 한 편 써서 응모하였는데, 그 소실이 바로 '빙점'입니다. 그녀가 이렇게 유명한 소설을 쓰게 된 뒷 배경에는 바로 이웃을 향한 배려의 마음이 있었기 때문이 아닐까요?

누군가의 배려를 받았거나 배려를 베푼 적이 있습니까?

말씀으로의 초대

이웃을 배려하는 모습을 봅니다.

예수님께서는 많은 기적을 행하셨습니다. 오늘 성경말씀은 병자를 고쳐 주시는 이야기로 조금 특별한 부분이 있습니다. 로마군대의 고급장교인 백부장(대대장 정도 됨)이 예수님께 자기 하인의 중풍병을 고쳐 달라고 부탁하고 있습니다. 하인은 말 그대로 하인, 종, 노예와 같은 사람입니다. 중풍병에 걸렸다면 마비되어 연약해진 상태로 백부장에게 크게 도움이 되지 않을 것입니다. 그러나 백부장은 그런 하인을 그대로 두거나 외면하지 않고, 자신의 지위와 관계없이 예수님께 나아가 하인을 고쳐 달라고 간구하고 있습니다. 자신의 마음대로 상대방을 대할 힘과 지위가 있어도 이렇게 하인을 배려하는 모습은 백부장 안에 상대를 귀히 여기는 마음을 보게 됩니다.

누군가를 배려하는 사람이 됩시다.

백부장은 지위에 관계없이 자신의 하인을 배려하고 돌봅니다. 백부장의 하인처럼 우리 주변에는 우리의 배려와 돌봄을 필요로 하는 사람이 많습니다. 그리고 나 자신도 누군가의 배려 때문에 지금까지 살아왔습니다. 집에서부터 교회까지 오는 과정을 생각해 봅시다. 건널목에서 천천히 건널 때 기다려 준 운전자, 버스나 택시에서 승하차 시 시간이 걸려도 기다려 준 기사님과 승객들, 지하철에서 자리를 양보해 준 사람들의 배려가 있었습니다. 이처럼 우리는 일상에서 많은 배려는 받고 있습니다.

이렇게 배려하는 사람은 다음과 같은 특징이 있습니다.

첫째, 상대방의 입장을 이해하고 불쌍히 여깁니다.

둘째, 그의 사정을 살피고 도움을 줄 것을 찾습니다.

셋째, 도와야 할 기회가 되면 놓치지 않습니다.

넷째, 겸손하고 존경할 줄 아는 믿음의 사람입니다.

우리는 가장 큰 배려인 예수님의 배려로 인하여 죄인인 우리가 의인되었고, 지옥의 백성이 천국의 백성이 되었습니다. 우리가 조금만 배려하여 챙겨 주면 많은 사람을 생명으로, 구원으로 인도할 수 있습니다.

나는 어떤 배려의 삶으로 살아가고 싶습니까?

삶으로의 초대

내 삶의 여정을 생각하면서 다음의 내용으로 서로 이야기해 봅시다.

① 하나님으로부터 어떤 배려를 받았다고 생각하십니까?

② 내가 사람들로부터 받은 배려를 이야기해 봅시다.

③ 내가 누군가를 돌본 적이 있습니까? 그때 어떤 기분이었습니까?

우리는 "나는 늙었다. 왜 대접해 주지 않느냐?" 하는 생각을 할 때도 있습니다. 맞습니다. 간혹 젊은이들이 어르신들을 섬기지 못하는 경우도 있습니다. 그래도 철없다고 꾸짖지 말고 아랫사람들을 더 생각하고 배려하며 섬기도록 합시다.

"오늘 집에 가면 ㅇㅇ를 ㅇㅇ게 챙겨줘야지"라고 다짐해 봅시다.

기도로 아뢰기와 주기도

주님! 하인을 돌보는 백부장처럼 아랫사람을 돌보고 섬기는 어른의 모습으로 살게 하옵소서. 예수 그리스도의 이름으로 기도합니다. 아멘.

제3과 너희가 먹을 것을 주라

주안점 / 예수님은 기적을 베푸시지만 그 일을 우리가 감당하기를 원하십니다.

오늘의 믿음구호 외치기 _ "세상 사람을 우리가 먹입시다!"

★ 본문말씀 _ 마태복음 14:13~21

"예수께서 이르시되 갈 것 없다 너희가 먹을 것을 주라"(16절)

★ 함께 부르는 찬송 _ 찬송가 198장 1절

1. 주 예수 해변서 떡을 떼사 무리를 먹이어 주심같이 영생의 양식을 나에게도 풍족히 나누어 주옵소서

생각으로의 초대

1521년 마르틴 루터가 피신하여 성경을 번역했던 바르트부르크 성에 가면 '성녀 엘리자베스의 방'이란 방이 있습니다. 예쁜 모자이크가 사면 벽과 천정에 가득한 화려하고 아름다운 방입니다. 이 방의 주인공에 대해 전해내려 오는 이야기가 있습니다. 엘리자베스는 헝가리 태생으로 14세에 루트비히 4세와 결혼하였습니다. 그녀의 남편은 풀리아로 출정하는 십자군에 참여하였다가 전염병으로 죽었습니다. 그녀는 슬픔을 달래기 위하여 자선활동에 전념하였고 가난한 자와 병든 자를 돌보는 일에 헌신하였습니다. 그녀는 다시 재혼하여 가정을 이루었지만 가난한 자를 섬기기 위한 행동을 멈추지 않았습니다. 그러던 어느 날 몰래 빵을 감추고 가다가 남편에게 들켰습니다. 남편은 망토에 숨긴 것이 무엇이냐고 물었고, 엘리자베스는 장미꽃이라고 대답하였습니다. 의심한 남편은 장미꽃을 보여 달라며 망토를 펼쳤을 때 빵은 장미꽃으로 변해 있었다고 합니다. 가난한 자를 보살피는 아름다운 마음을 기리는 이야기입니다.

말씀으로의 초대

오병이어 기적은 다른 기적과는 다른 '메시야적 기적'입니다.

복음서에 기록된 예수님의 기적은 모두 35가지입니다. 그 가운데 9가지는 자연기적입니다. 물이 포도주가 되신 기적, 바람을 잔잔하게 하신 기적 등이 자연기적으로 예수님께서 창조자이심을 증명합니다. 26가지 기적은 치유기적으로 사람을 고치시고, 귀신을 쫓으시고, 사람을 살리신 것으로 예수님께서 인간의 구원자이심을 증명합니다. 네 복음서는 각각 다른 기적들을 기록하고 있지만 네 복음서가 공통적으로 기록하고 있는 유일한 기적은 보리떡 다섯 개와 물고기 두 마리를 가지시고 오천 명을 먹이신 기적입니다.

이전 팔레스타인 사람들에게는 먹는 것이 중요한 생존의 문제였습니다. 아브라함, 이삭, 야곱, 요셉 등 조상들이 모두 기근으로 고생하였습니다. 그래서 이스라엘 백성들의 머릿속에는 메시야가 오시면 우리는 굶주림에서 해방할 것이라고 생각하였습니다. 그런 의미에서 오천 명을 한꺼번에 먹이신 기적은 다른 기적과는 달리 '메시야적 기적'이라 불립니다. 예수님께서는 한 소년이 가지고 온 보리떡과 물고기를 가지고 오천 명을 배부르게 먹게 하셨고 나머지를 거두게 하셨는데 남은 것이 열두 바구니에 가득했습니다. 예수님께서는 음식을 낭비하지 못하게 하셨으며, 어떤 학설에는 열두 바구니의 음식을 보리떡과 물고기를 가지고 온 소년에게 주었다고 합니다.

제자들에게 필요한 것은 사람들을 불쌍히 여기는 예수님의 마음입니다.

예수님의 제자들은 빈손으로 예수님을 따른 사람들입니다. 예수님을 따를 때 모든 것을 버려두고 따랐기 때문입니다. 어부 베드로는 고깃배와 그물을 다 버리고 예수님의 제자가 되었고, 세리 마태는 세관에 앉아 있을 때 예수님이 부르셔서 세관을 버리고 따랐습니다. 성경에는 "헤롯의 청지기 구사의 아내 요안나와 수산나와 다른 여러 여자가 함께 하여 자기들의 소유로 그들을 섬기더라"(눅 8:3)고 합니다. 예수님과 열두 제자들이 삼 년 동안 예수님의 공생애를 함께 지내는 동안 여인들이 돈을 내어 섬겼습니다. 가룟 유다가 돈주머니를 맡았다는 것도 번 돈을 관리한 것이 아니라 여인들이 준 돈을 관리한 것입니다. 이런 제자들에게 예수님께서는 모인 오천 명의 무리를 "너희가 먹을 것을 주라"고 하십니다. 제자들에게 필요한 것은 돈이 아니라 사람들을 불쌍히 여기는 예수님의 마음입니다. 제자들에게 당장 필요한 것은 먹이려고 하는 동정심입니다. 이런 예수님의 마음을 품고 있을 때 예수님께서는 먹일 것을 주시고, 필요한 요소들을 채워 주십니다. 그래서 예수님은 주는 자가 받는 자 보다 복이 있다고 하셨고, 주라 그리하면 줄 것이라고 하셨습니다. 우리가 줄 만한 아무것도 없지만 주려고 하는 마음을 가질 때 예수님은 지금도 기적을 베풀어 줄 수 있고 먹일 수 있게 하십니다.

가난한 자에게 주머니를 열고, 쓰러진 자에게 손을 내밀고, 아픈 자에게 마음으로 어루만지고, 절망한 자에게 가슴으로 안아 줄 수 있는 마음이 있습니까?

삶으로의 초대

"너희가 먹을 것을 주라"고 하신 예수님의 말씀처럼 우리가 도와야 할 이웃을 찾아 실제로 먹을 것을 전달하고 필요한 도움을 채워 준다.

1. 함께 만드는 사랑의 도시락

– 준비물: 각자가 만든 밥, 반찬, 도시락

– 방 법:

① 각자가 가장 잘 만들 수 있는 반찬을 만들어 가지고 오게 한다.

② 가지고 온 밥과 반찬을 도시락에 골고루 예쁘게 담는다.

③ 정성스럽게 장만한 도시락을 지역의 독거 어르신이나 지역아동센터의 어린이에게 직접 전달한다.

④ 도시락을 전달한 다음에 가정과 센터를 방문한 소감을 나눈다.

⑤ 다 함께 모여 우리의 손이 필요한 사람들, 우리가 먹을 것을 주고 도와야 할 소외된 이웃을 찾고 더 나은 섬김을 위해 토의하고 정보를 나눈다.

※ 위의 활동은 관할 자치구 주민센터에 미리 문의하여, 각 기관에서 필요한 대로 준비하는 것이 좋다.

기도로 아뢰기와 주기도

사랑의 하나님, 예수님께서 육체와 영혼의 굶주림에 시달리는 사람들을 위하여 기적을 베푸심에 감사합니다. "너희가 먹을 것을 주라"고 하셨으니 우리 주위의 많은 사람들을 먹이고 살피는 주님의 사랑을 나타내게 하소서. 예수 그리스도의 이름으로 기도합니다. 아멘.

제4과 안심하라 나니 두려워하지 말라

주안점 / 인생의 풍랑 속에서 예수님을 바라보며 안심할 수 있습니다.

오늘의 믿음구호 외치기 _ "주여 우리를 불쌍히 여기소서. 우리를 건지소서!"

★ 본문말씀 _ 마태복음 14:22~33

"예수께서 즉시 이르시되 안심하라 나니 두려워하지 말라"(27절)

★ 함께 부르는 찬송 _ 찬송가 371장 1절

1. 구주여 광풍이 불어 큰 물결이 일어나 온 하늘이 어둠에 싸여 피할 곳을 모르니 우리가 죽게 된 것을
안돌아봅니까 깊은 바다에 빠지게 된 때 주무시려합니까 큰 바람과 물결아 잔잔해 잔잔해
사납게 뛰노는 파도나 저 흉악한 마귀나 아무것도 주 편안히 잠들어 누신 배 뒤엎어 놀 능력이 없도다
주 예수 풍파를 꾸짖어 잔잔해 잔잔해 주 예수 풍파를 꾸짖어 잔잔하라

생각으로의 초대

스펄전 목사가 목회하면서 어려울 때가 있었습니다. 낙심 중에 어느 가정을 심방하게 되었는데 담이 있는 마당에 소가 매여 있었습니다. 담에 갇혀 있던 소가 고개를 쳐들고 저 멀리 초원을 바라보고 있었는데 스펄전은 소 주인에게 물었습니다. 왜 저 소는 고개를 쳐들고 있는 겁니까? 소 주인은 "저 소가 초원으로 나가 신선한 풀을 먹고 싶은데 나갈 수 없으니 주인이 문을 열어 주기를 바라고 고개를 들고 있는 겁니다."라고 했습니다. 그때 스펄전은 우리가 시련과 환경, 어려운 일에 길이 막혔을 때, 우리가 할 일은 저 소처럼 고개를 들고 하나님을 바라보아야 할 때임을 깨달았다고 합니다. 요즘은 와이파이(Wi-Fi)가 중요한 시대입니다. 와이파이가 잘 되야 다른 기기들과 소통을 할 수 있기 때문입니다. 와이파이처럼 선이 보이지 않아도 충성스럽게 신호를 잘 보내는 믿음이야말로 위기를 극복하는 믿음이 되는 것입니다.

※ 참고:와이파이는 Wireless Fidelity의 약자입니다. 와이어리스(Wireless)는 선이 없다는 말이고 피델리티(Fidelity)는 충성을 의미합니다.

말씀으로의 초대

예수님은 풍랑을 만난 제자들을 찾아오셨습니다.

보리떡 5개와 물고기 2마리로 5천 명 이상을 먹이신 예수님은 제자들을 배에 태워 갈릴리 바다 저편으로 먼저 보내셨습니다. 그리고 모였던 무리를 해산시키셨습니다(요 6:14-15 참고). 제자들의 배는 육지에서 수 리나 떠나 바다 한가운데 있었습니다. 그때 바다에는 풍랑이 일어 제자들은 대단히 동요했고 힘겨운 사투를 벌이고 있었습니다. 밤새 기도하셨던 예수님은 밤 사경(새벽 3-6시경) 쯤에 풍랑 때문에 죽을 위기를 만난 제자들을 찾아가셨습니다. 예수님이 바다 위를 걸어오시자 제자들은 유령이라 소리 지르며 놀랐습니다. 여기에서 유령이란 실체가 없는 허상 혹은 망령을 의미하는 말입니다. 풍랑이 이는 밤바다에 자기들의 생명이 경각에 달렸는데 예수님이 물 위를 걸어오시니 제자들이 유령이라고 할 만합니다. 이때 예수님은 "안심하라 나니 두려워말라"라고 하시면서 제자들을 안심시켰습니다. 예수님은 위기를 만난 제자들을 먼저 찾아가셨습니다. 이처럼 우리도 인생을 살아가면서 수많은 세파를 만납니다. 어느 때엔 죽을 만큼 힘든 일도 있습니다. 그때마다 풍랑 속

제자들에게 찾아오신 예수님이 우리에게도 먼저 찾아오셔서 우리를 구하십니다.

예수님은 물에 빠진 베드로도 건지셨습니다.

베드로는 물 위를 걸어오신 예수님을 보고 “만일 주님이시거든 나를 명하사 물 위로 오라 하소서”라고 했습니다. 이에 예수님은 오라 하셨습니다. 용감히 도전했던 베드로는 물 위를 걸었습니다. 그러나 순간, 바람을 보고 두려워하다가 물에 빠졌습니다. 그는 급히 소리를 질러 “나를 구원해 주소서”라고 외쳤습니다. 예수님은 잠시 물 위를 걷던 베드로를 향해 믿음이 작은 자여 왜 의심하였느냐 말씀하시면서 그를 건져 주었습니다. 그리고 예수님과 베드로가 배에 함께 오르매 바람이 그쳤습니다. 예수님은 세파를 보고 두려워 떠는 사람들이나 혹은 믿음을 가지고 도전했지만 의심 때문에 실패한 사람까지도 구원하시는 분입니다. 사람이 사는 길에는 이처럼 모진 세파가 찾아옵니다. 그러나 염려할 필요가 없는 것은 풍랑에서 고통을 당하는 제자들을 찾아가셔서 구하셨고, 믿음으로 도전하다가 바다에 빠져 죽을 뻔했던 베드로도 구하신 예수님이 계시기 때문입니다. 그분이 우리의 주님이 되셔서 우리를 건지시기에 우리는 그분을 의지하고 그분이 계셔서 어떤 일을 만나도 염려하거나 두려워하지 않습니다.

인생 위기의 때 우리는 어떻게 그 문제를 해결합니까? 위기에도 우리를 구원하실 예수님을 바라보며 나아가는 우리가 되도록 간청합시다.

삶으로의 초대

자신의 지나간 삶의 여정을 소개하면서 그 안에서 나를 건지시고 이끄신 하나님의 손길을 찾아보면서 이를 나누고 간증합니다.

1. 함께 나누는 내 인생의 Timeline

– 준비물: A4용지, 색연필, 자

– 진행방법:

① 5~6명을 기준으로 한 테이블씩 자리에 앉습니다.

② 각자에게 A4용지를 1장씩 제공합니다.

③ 각자의 용지에 가로선을 긋고 자신의 인생 여정을 연령별로 표시합니다.

④ 이때 기준선 위는 행복했던 순간들을, 기준선 아래는 불행하거나 시련의 순간들을 적고 이를 색깔로 표시합니다.

⑤ 준비가 끝나면 서로가 자신의 인생여정을 플레시백(그때로 돌아가 그 순간을 회상하며)으로 서로 나눕니다. 이때 왜 이 색깔을 택했는지도 말합니다.

⑥ 그리고 그 순간순간 하나님이 나를 어떻게 인도하셨는지를 나누도록 합니다.

⑦ 지금까지 도우신 하나님의 은혜를 기억하며 함께 감사의 기도를 드립니다.

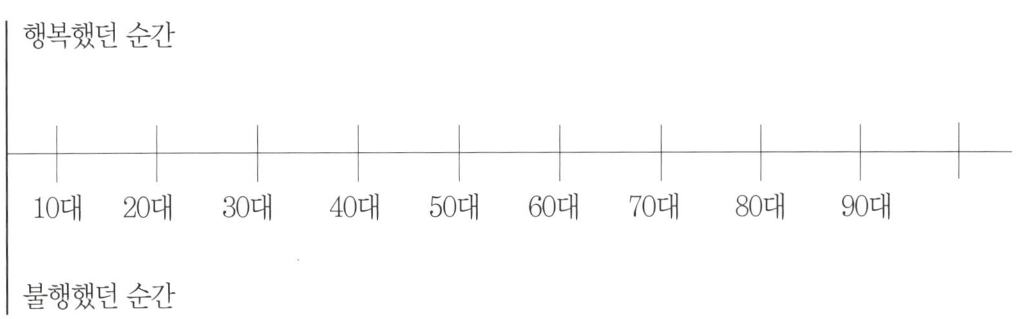

기도로 아뢰기와 주기도

사랑의 하나님. 우리의 위기의 순간마다 언제나 먼저 찾아오셔서 도우심을 감사합니다. 언제나 주를 의지하는 믿음을 가지게 하시고 이 은혜를 나누며 평생 잊지 않는 삶을 살게 해 주옵소서. 예수 그리스도의 이름으로 기도드립니다. 아멘.

제5과 겸손한 자에게 임하는 은혜

주안점 / 끝까지 인내함으로 딸을 고친 가나안 여인처럼 겸손한 믿음을 가진 자로 살아갑시다.

오늘의 믿음구호 외치기 _ "겸손한 믿음으로 여생을 살아갑시다!"

★ 본문말씀 _ 마태복음 15:21~28

"여자여 네 믿음이 크도다 네 소원대로 되리라"(28절)

★ 함께 부르는 찬송 – 찬송가 545장 1절

1. 이 눈에 아무 증거 아니 뵈어도 믿음만을 가지고서 늘 걸으며
이 귀에 아무 소리 아니 들려도 하나님의 약속 위에 서리라
걸어가세 믿음 위에 서서 나가세 나가세 의심 버리고 걸어가세 믿음 위에 서서 눈과 귀에 아무 증거 없어도

생각으로의 초대

기독교 역사에 많은 성자가 있지만 이탈리아의 작은 도시인 아시시 출신 프랜시스는 어느 누구와도 비교할 수 없는 위대한 믿음의 사람입니다. 그의 부모는 큰 부자였습니다. 부모는 외아들인 그에게 큰 기대를 갖고 있었습니다. 그러나 스무 살이 채 되기 전에 프랜시스는 부와 야망을 버리고 가족을 떠나 하나님과 가난한 사람들을 위해 살기로 결심했습니다. 어느 날 그를 찾아온 사람이 물었습니다. "선생님은 놀라운 예수 그리스도의 기적을 나타내고 있습니다. 이 놀라운 일들이 어떻게 이루어지는지 비결을 알고 싶습니다." 프랜시스는 대답했습니다. "어느 날 전능하신 하나님께서 세상 사람들을 바라보셨습니다. 특히 수많은 사람들 가운데서 가장 연약하고, 가장 무지하며, 가장 미련한 한 사람을 바라보셨습니다. 그리고 말씀하셨습니다. '바로 저 사람이다. 나는 그를 통하여 나의 지혜와 능력을 나타내기를 원한다.' 하나님께서 나, 프랜시스를 택하신 이유가 바로 이것입니다." 이처럼 하나님께는 겸손한 사람을 택하시고 그에게 은혜를 베푸시는 분이십니다. 이슬은 높은 산꼭대기에 잘 내리지 않고, 낮은 골짜기에 많이 내립니다. 하나님의 은혜는 겸손한 자에게 이슬처럼 내려오는 것입니다.

말씀으로의 초대

겸손은 자신을 낮추는 자세입니다.

예수님께서 이스라엘 북쪽 지방인 시돈과 두로 지방으로 가셨을 때 가나안 여자가 예수님에게 소리를 지르며 자신을 불쌍히 여겨 달라며 하소연했습니다. 하소연의 이유는 자신의 딸이 귀신들려 고통을 당하고 있었기 때문입니다. 비정상적인 말과 이상한 행동을 하는 딸을 보며 살아가는 어머니의 마음은 몹시 아팠을 것입니다. 그런데 여러 가지 이유로 소외당하고 있는 사람들에게 사랑과 은혜를 전파하기 위해 오신 예수님께서는 놀랍게도 여인의 간청을 외면하고 무시하는 듯한 행동을 하셨습니다. 하지만 가나안 여인은 결코 포기하지 않고 계속해서 예수님의 뒤를 따라 가며 큰 소리로 간청했습니다. 보다 못한 제자들은 여인이 편한 마음으로 돌아갈 수 있도록 해 달라고 예수님께 요청드릴 정도였습니다. 급기야 가나안 여인은 예수님 앞으로 가까이 나와 절하며 도와 달라고 애원했습니다. "자녀의 떡을 취

하여 개들에게 던짐이 마땅하지 않다"(26절)는 예수님의 말씀에도 불구하고 여인은 "개들도 주인의 상에서 떨어지는 부스러기는 먹을 수 있습니다"(27절)라고 대답함으로써 제자들을 놀라게 했습니다. 이때 예수님께서는 "여자여 네 믿음이 크도다 네 소원대로 되리라"(28절)는 말씀으로 여인의 겸손한 믿음을 칭찬하시며 여인의 딸을 고쳐 주셨습니다.

예수님께서는 겸손한 믿음을 가진 자에게 은혜를 베푸십니다.

예수님께서 인간의 몸을 입고 이 세상에 오신 이유는 불쌍한 자, 가난한 자와 병든 자들에게 은혜를 전파하기 위함이었습니다. 따라서 예수님 주변에 있던 앞을 보지 못하는 시각장애인, 걷지 못하는 장애인, 한센병자, 듣지 못하는 청각 장애인, 귀신들린 사람, 움직이지 못하는 중풍병자, 죽음에 처해 있는 환자 등에게 치유의 은혜를 베푸셨습니다. 예수님께서는 사회적으로 소외당하고 있는 사람을 무시하거나 그들의 요청을 외면하신 적이 없었습니다. 왜냐하면 예수님께서는 죄인의 친구로 오셨기 때문입니다. 그런데 오늘 본문에서 예수님께서는 처음에 가나안 여인의 아픔과 고통을 외면하고 무시하시는 듯한 말씀과 행동을 하셨습니다. 하지만 이것은 예수님의 본심이 아니었습니다. 왜냐하면 귀신 들려 고통당하고 있는 딸을 위한 어머니의 겸손한 믿음을 확인한 예수님께서는 어머니의 간절한 소원을 들어주셨기 때문입니다. 하나님은 "교만한 자를 대적하시지만 겸손한 자에게는 은혜를 주시는 분"(벧전 5:5)이심을 언제나 기억해야 합니다. 겸손한 믿음을 가진 사람에게 전혀 예상하지 못한 은혜가 임한다는 사실을 기억하고 날마다 하나님 앞에 겸손한 자로 살아갑시다.

예수님께서는 우리에게 놀라운 은혜를 베푸시기 위해 이 땅에 오셨습니다. 어떻게 하면 보다 풍성한 은혜를 누릴 수 있을까요?

삶으로의 초대

노년의 중요한 특징 중의 하나는 과거 경험에 기초한 고집스러움과 완고함 그리고 자기 경험중심적 태도로 인하여 겸손한 삶이 아닌 교만한 삶으로 표현되기도 합니다. 인생의 종착역을 향해 가는 노년은 보다 겸손의 자세가 필요한 때입니다.

1. 노년의 삶에 임한 은혜의 시간들

- 준비물: A4 용지, 굵은 글자의 사인펜, 스카치테이프 등
- 진행방법:

① 내가 스스로 극복할 수 없는 교만한 사람이라는 사실을 인정하게 해 달라는 기도를 3분 동안 하나님께 드립니다.

② 기도를 마친 후 A4 용지에 내 자신이 가지고 있는 5가지의 교만함을 솔직하게 기록합니다.

③ 3분 동안 나의 결점을 바로잡아 주시도록 하나님께 겸손히 간구합니다.

④ 또 다른 A4 용지에는 나도 모르게 주위 사람들에게 늘 자랑하고 있는 과거의 일을 5개 기록합니다.

⑤ 다시 3분 동안 과거의 자랑거리들을 내려놓고 겸손히 살게 해 달라는 기도를 하나님께 드립니다.

⑥ 기록한 두 장의 A4 용지를 책상이나 식탁, 머리맡의 벽에 붙여 놓고 매일 아침과 저녁, 정한 시간에 하나님께 겸손한 삶을 구하는 기도를 드립니다.

⑦ 일주일이 지난 후 교만에서 겸손한 삶으로 바뀐 것을 제외하고 다시 위의 ① 번부터 한 주일을 시작합니다.

기도로 아뢰기와 주기도

겸손한 자에게 풍성한 은혜를 베푸시는 하나님, 이제부터 남은 삶은 날마다 하나님과 이웃에게 겸손한 자로 살아가게 하옵소서. 예수 그리스도의 이름으로 기도합니다. 아멘.

제6과 바람과 바다를 다스리시다

주안점 / 예수님은 세상과 우리를 다스리십니다.

오늘의 믿음구호 외치기 _ "예수님과 함께라면 아무 걱정 없습니다!"

★ 본문말씀 _ 마가복음 4:35~41

"예수께서 깨어 바람을 꾸짖으시며 바다더러 이르시되 잠잠하라 고요하라 하시니 바람이 그치고 아주 잔잔하여지더라"(39절)

★ 함께 부르는 찬송 _ 찬송가 432장 1절

1. 큰 물결이 설레는 어둔 바다 저 등대의 불빛도 희미한데
이 풍랑에 배 저어 항해하는 이 작은 뱃사공은 주님이라 나 두렴없네 두렴없도다 주 예수님 늘 깨어 계시도다
이 흉흉한 바다를 다 지나면 저 소망의 나라에 이르리라

생각으로의 초대

심리학자 어니 젤린스키의 '걱정'에 대한 연구가 있습니다. 무엇이 사람들을 걱정하게 할까요? 사람들이 걱정하는 것의 40%는 전혀 일어나지 않은 일들이며, 30%는 이미 일어난 일들이고, 12%는 근거가 없는 내용들이라고 합니다. 그리고 10%는 우리의 건강 때문에 걱정을 하고, 나머지 8%만이 우리의 힘으로 어떻게 할 수 있는 내용들이라고 합니다. 그러니까 사람들을 걱정하게 하는 대부분은 걱정해도 소용이 없는 것이거나, 걱정해도 어찌할 수 없는 내용들이라고 할 수 있습니다.
그렇다면 왜 우리는 그렇게 걱정하지 않아도 될 것을 걱정하는 것일까요?
그것은 눈에 보이는 것들에 집착하기 때문입니다. 눈에 보이는 것보다 더 중요한 것이 있습니다. 눈에 보이는 것보다 더 중요한 것을 보여 주신 예수님을 따라 말씀으로 들어가봅시다.

말씀으로의 초대

예수님은 바람과 바다를 잔잔케 하셨습니다.

하루 일과를 마치고 평안히 쉬어야만 했던 예수님은 제자들에게 갈릴리 바다 건너편 조용한 곳으로 가자고 말했습니다. 바다를 건너던 중 큰 광풍이 일어나고 물결이 치기 시작했습니다. 급기야는 배에 물이 가득하여 침몰 직전에까지 이르게 되었습니다. 제자들의 걱정은 깊어가고 불안은 더해 갔습니다. 그런데도 예수님은 배의 고물에서 베개를 베고 고이 주무시고 계셨습니다. 제자들이 예수님을 깨우며 이렇게 말합니다. "선생님이여 우리가 죽게 된 것을 돌보지 아니하시나이까"(막 4:38). 이렇게도 위급한 상황에 처했는데 '어떻게 이렇게 주무실 수가 있습니까, 우리는 돌보아 주지 않습니까'라는 원망이 담겨 있는 말투입니다.

그런데 왜 제자들은 예수님을 깨웠을까요? 예수님이라면 바다의 풍랑을 잠잠케 하실 수 있다는 믿음이 있었던 것일까요? 예수님께서 깨어서 바람을 꾸짖자 바람이 그치고 잔잔해집니다. 이 같은 장면을 본 제자들이 '심히 두려워하며 그가 누구인데 바람과 바다도 순종하는가'라고 했습니다. 진정 예수님이 어떤 분이신지 잘 몰랐던 것 같습니다. 믿음이 있는 듯하면서도 전적으로 믿지 못하는 약한 믿음의 모습입니다.

우리는 믿음이 있어야 합니다. 바람과 바다도 잔잔케 하실 수 있는 예수님이심을 믿어야 합니다. 믿음이 있어야 기도할 수도 있기 때문입니다.

예수님은 인생의 바람과 파도를 잔잔케 하실 수 있습니다.

풍랑은 바다에서만 일어나는 것이 아닙니다. 우리 인생에도 바람이 불고 파도가 칩니다. 때로 인생의 거친 풍랑이 몰아쳐 올 때면 떨칠 수 없는 불안과 두려움에 사로잡히기도 합니다. 바로 그때 우리가 기억해야 할 분은 예수님입니다. 예수님은 우리 인생의 바람과 파도를 잔잔케 하실 수 있는 분이시기 때문입니다.

"이는 나 여호와 너의 하나님이 네 오른손을 붙들고 네게 이르기를 두려워하지 말라 내가 너를 도우리라 할 것임이니라"(사 41:13). 성경에는 '염려하지 말라, 두려워하지 말라'는 말이 365번이나 나온다고 합니다. 매일매일 걱정거리가 있다는 뜻으로 이해할 수도 있습니다. 그러나 걱정하지 마십시오. "아무것도 염려하지 말고 다만 모든 일에 기도와 간구로 너희 구할 것을 감사함으로 하나님께 아뢰라"(빌 4:6). 풍랑 이는 인생 가운데서 우리가 해야 할 것은 오직 주님만 바라보며 주님께 구하는 것입니다. "그리하면 모든 지각에 뛰어난 하나님의 평강이 그리스도 예수 안에서 너희 마음과 생각을 지키시리라"(빌 4:7).

몰아치는 인생의 풍랑을 보며 걱정하며 두려워하는 것이 아니라, 바람과 바다까지도 능히 다스리시는 예수님을 바라보는 지혜를 가지십시오. "잠잠하라 고요하라 하시니 바람이 그치고 아주 잔잔하여지더라"(막 4:39).

삶으로의 초대

누구나 인생의 걱정과 염려를 가지고 있습니다. 풍랑을 잔잔케 하신 예수님, 우리의 삶을 다스리시는 그분께 우리의 걱정과 염려를 맡깁시다.

– 준비물: 색종이 (또는 A4 색상지), 필기구

– 활동방법

① 색종이의 뒷면에 자신의 염려 목록을 적어 봅시다.
  예:건강, 물질, 자녀, 관계, 신앙생활 등

② 목록을 적은 색종이로 종이비행기를 접습니다.

③ 접은 종이 비행기를 정해진 장소(또는 그 자리)에서 높이 듭니다.

④ 선창에 따라 함께 외칩니다. "염려하지 맙시다. 걱정하지 맙시다. 두려워하지 맙시다. 주님이 함께하십니다." 접은 종이비행기를 힘차게 날리며 박수를 치고 함성을 지릅니다.

기도로 아뢰기와 주기도

우리의 기도와 간구를 들어주시는 사랑과 자비의 하나님 아버지! 오직 믿음으로 간구하오니 우리 인생의 모든 풍랑을 다스리시고 잔잔케 하여 주시기를 예수님의 이름으로 기도합니다. 아멘.

제7과 은혜를 모르는 사람

주안점 / 그리스도인들은 하나님의 은혜를 알고 그 은혜를 다른 사람들에게 갚아야 합니다.

오늘의 믿음구호 외치기 _ "하나님의 은혜를 알고 하나님의 은혜를 갚자!"

★ 본문말씀 _ 마태복음 18:21~35

"내가 너를 불쌍히 여김과 같이 너도 네 동료들을 불쌍히 여김이 마땅하지 아니하냐"(33절)

★ 함께 부르는 찬송 _ 찬송가 310장 1절

1. 아 하나님의 은혜로 이 쓸데없는 자 왜 구속하여 주는 지 난 알 수 없도다
내가 믿고 또 의지함은 내 모든 형편 아시는 주님 늘 보호해 주실 것을 나는 확실히 아네

생각으로의 초대

어느 시골에서 있었던 일입니다. 앞 집 암탉이 뒷집 둥지에 알을 낳았습니다. 이 광경을 목격한 앞집 아이가 이 사실을 부모에게 알렸습니다. 아이의 엄마는 뒷집을 찾아가서 달걀을 달라고 했습니다. 그러자 뒷집 여자는 시치미를 뚝 떼고 그런 일이 없다고 했습니다. '달걀을 내 놓으라', '그런 일이 없다'며 옥신각신 하다가 드디어 부인들끼리 싸움이 벌어졌습니다. 이 광경을 보고 있던 앞집 남편이 싸움을 말리는 척 하면서 뒷집 여자를 쥐어박았습니다. 역시 처음부터 이 광경을 창틈으로 살피고 있던 뒷집 남편이 나와서 그도 역시 싸움을 말리는 척 하면서 앞집 여자를 때렸습니다. 급기야 싸움은 남편들에게 번졌습니다. 결국 이웃집 부부들은 모두 다 상처투성이가 되었습니다. 그래도 분을 삭이지 못한 앞집 여자가 밤에 뒷집에 불을 놓았습니다. 불은 삽시간에 번져서 뒷집을 태웠습니다. 그런데 그때 마침 바람이 세게 불어 불은 앞집까지 옮겨 두 집을 다 태우고야 말았습니다. 사소한 일을 용서하지 못하고 싸우다가 결국은 함께 불행을 당했습니다. 이처럼 우리는 달걀 하나 떼어 먹으려는 사소한 일도 용서가 잘 되지 않습니다.

여러분들은 용서가 잘 되십니까? 아무리 사소한 잘못이라고 해도 몇 번이나 용서하실 수 있겠습니까?

말씀으로의 초대

죄를 용서 받은 사람은 한이 없는 하나님의 은혜를 알아야 합니다.

어느 날 베드로가 예수님께 "형제가 내게 죄를 범하면 몇 번이나 용서하여 주리이까? 일곱 번까지 하오리이까?"라고 물었습니다. 그러자 예수님은 "일곱 번뿐 아니라 일곱 번을 일흔 번까지라도 할지니라"고 말씀하셨습니다. 그리고 예수님께서는 임금에게 만 달란트 빚을 탕감 받은 종이 자기에게 겨우 백 데나리온 빚진 동료를 옥에 가둔 비유를 들려주셨습니다. 만 달란트 빚을 탕감 받은 사람은 은혜를 모르는 사람입니다.

보통 한 달란트는 6,000데나리온입니다. 1데나리온은 하루 품삯입니다. 하루 품삯을 1만 원으로 계산할 때에 만 달란트는 6천억 원이 됩니다. 하루 품삯이 1만 원이면 백 데나리온은 100만 원입니다. 그런데 요즈음 하루 품삯으로 만원을 주는 데가 어디 있겠습니까? 그러니 만 달란트를 탕감 받은 이 사람은 말로 다할 수 없는 은혜를 받은 사람입니다. 빚이 죄라고 하면 이 사람은 평생 갚아도 못 갚을 죄를 용서받았습니다. 사실 이 사람은 그렇게 용서받을 만한 자격도 없습니다. 회개한 것도 아닙니다. 이 사람이 용서받은 이유는 자신에게 있지 않고 오직 임금에게 있습니다. 이 종이 용서받은 단 하나의 이유는 종을 불쌍히 여긴 임금의 사랑 때문입니다.

못된 종을 용서하신 임금은 하나님이십니다. 자격도 없고, 잘한 것도 없는 자들에게 베푸시는 한이 없는 하나님의 사랑을 받은 사람은 그 은혜를 알아야 합니다. 은혜를 모르면 남을 용서하지 못하기 때문입니다.

하나님의 은혜와 사랑으로 구원받은 그리스도인들은 다른 사람들에게 하나님의 은혜를 갚아야 합니다.

칼 바르트라는 신학자가 시카고 대학교를 방문하였을 때에 그 누군가가 "바르트 박사님, 지금까지 성경연구를 통해 배운 가장 심오한 진리는 무엇입니까?"라는 질문을 했습니다. 그러자 바르트는 주저 없이 대답하기를 "예수 사랑하심은 거룩하신 말일세"라고 대답했습니다.

주님은 십자가 위에서 자신을 죽이는 사람들을 쳐다보시면서 "아버지 저들을 사하여 주옵소서. 자기들이 하는 것을 알지 못함이니이다"라고 하셨습니다. 우리들은 이런 십자가의 큰 사랑과 은혜를 받은 사람들입니다. 우리는 다른 사람들에게 하나님의 은혜를 나누며 살아야 합니다. 어떻게 하면 다른 사람들에게 하나님의 은혜를 갚으며 살아갈 수 있겠습니까?

삶으로의 초대

우리들이 하나님과 남들에게 받은 은혜와 하나님과 사람들에게 갚을 은혜의 목록을 적어 봅시다.

1. 은혜의 버킷리스트
- 준비물: A4 크기의 빈종이 2장, 볼펜 등
- 방법:

① 지금까지 내가 살아온 삶을 되돌아보며, 하나님께 받은 은혜 중 가장 크다고 생각하는 것에 대해 적어 봅니다.

② 다른 종이에는 하나님의 크신 은혜를 받은 내가, 앞으로 살아가면서 하나님께 받은 은혜를 다른 사람들에게 어떻게 갚을 것인지 '은혜의 버킷리스트'를 작성해 봅니다. 반드시 실천할 수 있는 것들 위주로 적도록 합니다.

③ ①~②에서 작성한 것을 성경책 등과 같이 자주 보는 곳에 끼워 두고, ②에서 작성한 것들을 실천할 수 있도록 합니다.

기도로 아뢰기와 주기도

역사(歷史)의 주관자가 되시는 하나님, 하나님께서 행하신 역사(役事)를 잊지 않고 자녀들에게 알려 주고 보여 주어 하나님을 섬기는 가정이 되게 하옵소서. 예수 그리스도의 이름으로 기도합니다. 아멘.

제8과 나중 된 자가 먼저 된다

주안점 / 하나님의 나라는 오직 하나님의 은혜로만 주어지는 것임을 알고 고백합니다.

오늘의 믿음구호 외치기 _ "세상이 늦었다 할지라도 하나님은 늦었다 하지 않으십니다!"

본문말씀 _ 마태복음 20:1~16

"네 것이나 가지고 가라 나중 온 이 사람에게 너와 같이 주는 것이 내 뜻이니라 내 것을 가지고 내 뜻대로 할 것이 아니냐 내가 선하므로 네가 악하게 보느냐 이와 같이 나중 된 자로서 먼저 되고 먼저 된 자로서 나중 되리라"(14-16절)

함께 부르는 찬송 _ 찬송가 429장 1절

1. 세상 모든 풍파 너를 흔들어 약한 마음 낙심하게 될 때에 내려 주신 주의 복을 세어라 주의 크신 복을 네가 알리라 받은 복을 세어 보아라 크신 복을 네가 알리라 받은 복을 세어 보아라 주의 크신 복을 네가 알리라

생각으로의 초대

성경에 '돌아온 탕자'의 이야기가 있습니다. 둘째 아들은 아버지가 돌아가실 때까지 기다릴 수 없다며 자기 몫의 유산을 미리 달라고 했습니다. 아버지는 그것을 내어주었고 아들을 그 돈을 들고나가 모두 탕진해 버렸습니다. 때마침 기근이 들어 아들에게 남은 것은 등 돌린 친구들뿐이었습니다. 결국 이스라엘에서 가장 천하다고 여겨지는 돼지 돌보는 일을 하던 아들은 굶주림에 몸부림치다 자신의 잘못에 대해 아버지께 용서를 구하고 하인으로라도 집에 머무를 수 있도록 부탁하기 위해 집으로 가기로 결심했습니다. 아들이 집 근처에 다다랐을 때 매일 아들이 떠났던 그 자리를 바라보던 아버지는 그를 알아보고 맨 발로 달려 나와 반겨 주었습니다. 아들을 꼭 껴안은 아버지는 하인들에게 좋은 옷을 마련하고, 살찐 송아지를 한 마리 잡으라고 했습니다.
둘째 아들을 향한 아버지의 무조건적인 사랑을 첫째 아들은 못마땅해 하며 아버지께 불만을 토로합니다. 불만을 가진 첫째 아들은 진심으로 아버지를 섬겼던 걸까요? 우리의 모습이 바로 이 첫째 아들 같지는 않은지요?

말씀으로의 초대

처음 가졌던 감사한 마음을 마지막까지 지켜가야 합니다.

포도원 주인은 포도원에서 일할 일꾼을 구하기 위해서 아침 일찍 집을 나섰습니다. 일꾼들을 장터에서 만나, 하루 한 데나리온씩 임금을 주기로 합의하고, 일꾼들을 포도원으로 들여보내 일하게 했습니다.

여기서 중요한 사실은 포도원 주인에게 제일 처음 고용되어 날이 저물 때까지 일하기로 한 사람도, 가장 마지막에 고용되어 한 시간밖에 일하지 않은 사람도 모두 한 데나리온씩 받기로 처음부터 약속이 되어 있었다는 것입니다. 다만 일꾼들끼리 서로 그 사실을 몰랐을 뿐이었습니다. 아침부터 포도원에서 일하기로 한 일꾼도 처음에는 임금으로 받기로 했던 한 데나리온에 만족하고 감사하며 일을 시작했습니다. 당시 하루 일당이 한 데나리온이었기에, 그들은 포도원 주인의 제안을 기쁘고 감사한 마음으로 수락할 수 있었습니다. 모두 일을 마치고 임금을 받을 시간이 되었습니다. 맨 마지막에 들어와 얼마 일하지 않은 일꾼들도 한 데나리온을 받는다는 사실을 알고 나서 그들은 돌변했습니다. 일도 없이 장터를 전전하다 온전한 하루 일당을 보장받고 일을 시작하게 될 때, 포도원 주인에게 가졌던 감사의 마음은 모두 없어진 것입니다. 이렇게 원망하는 말들을 듣고 있던 포도원 주인은 이렇게 말합니다. "나는 악한 행위를 하지 않았다. 너희를 데리고 올 때 한 데나리온을 주기로 약속했고 그 약속을 지켰을 뿐이다. 또한 일꾼들에게 삯을 얼마나 줄지는 주인인 내 뜻에 달려 있다."

예수님께서는 오늘 포도원 일꾼의 비유를 통해 '나중 된 자가 먼저 되고 먼저 된 가 나중 된다'라고 하셨습니다. 주님께서는 먼저 일을 시작한 일꾼들과 마지막에 일을 시작한 일꾼들의 '마음'의 차이를 말씀하신 것입니다. 처음엔 감사했지만 마지막 때에 와서 나중에 온 사람들을 시기 질투하며 주인을 원망했던 일꾼들이 있었습니다. 반면 날이 저물 때가 되어 가는데 일할 곳을 찾지 못해 전전긍긍했고, 다행히 일을 구했지만 일을 마치던 마지막 순간에도 한 시간밖에 일하지 못해 오늘 가족들에게 무엇을 먹일까 걱정했던 일꾼들이 있었습니다. 이들의 마음속에는 포도원 주인의 사랑과 은혜에 대한 감사가 넘쳤습니다. 한 시간의 노동에도 불구하고 가족들을 먹일 수 있는 온전한 하루 일당을 지급받았기 때문입니다. 나는 하나님 앞에서 어떤 일꾼입니까? 나중에 온 사람들이 받는 일당에 집중하여 주인 앞에서 늘 원망을 늘어놓는 일꾼입니까? 아니면 주인이 베푼 사랑과 은혜를 늘 생각하고 마음에 감사가 넘치는 일꾼입니까?

우리는 마지막에 하나님 앞에서 어떤 일꾼으로 남아야 합니까?

예수님께서 하신 말씀은 먼저 온 사람들은 모두 나중 되고 나중에 온 사람들이 모두 먼저 된다는 것이 아닙니다. 결국 말씀에 비추어 보면 하나님께 먼저 오고 늦게 오는 것은 하나님의 기준에서 크게 중요하지 않습니다. 중요한 것은 과거가 아니라 내가 '지금' 하나님 앞에 어떤 마음으로 서 있는가입니다.

마지막 때 하나님께로부터 한 데나리온씩 받는 그날, 어떤 마음으로 하나님 앞에 서시겠습니까? 우리는 다른 것이 아니라 하나님께서 나에게 주신 은혜만 바라보고 감사해야 할 것입니다.

삶으로의 초대

1. 나중 도착한 사람이 이기는 거꾸로 윷놀이!

- 준비물:윷놀이 세트(말판, 말, 윷)
- 소요시간:10~20분

① 함께 공부한 말씀을 생각하며, 나중 된 자가 먼저 되고 먼저 된 자가 나중 되는 하나님 나라의 원리에 대해 서로 나누어 봅시다.

② 모든 규칙은 기존의 윷놀이와 동일하나, 말은 1개만 사용합니다.

③ 단 한 가지! 승리하기 위한 조건이 다릅니다. 도착지점에 말이 먼저 들어오는 팀이 이기는 것이 아니라 가장 늦게 들어오는 팀이 승리입니다.

※ 거꾸로 상대방 말을 잡게 되면 나는 결승점과 가까워지고 상대방은 처음으로 돌아가기 때문에 거꾸로 내가 불리한 상황에 처해지므로 잡지 않도록 주의해야 합니다.

※ 모나 윷이 나오거나 상대방 말을 잡게 되면 기존의 규칙대로 한 번 더 던집니다.

※ 공동체의 상황에 따라 여러 팀을 한 번에 참여시킬 수 있습니다.
(대신 한 팀당 윷놀이 말을 1개씩 사용하는 규칙은 동일하게 적용합니다.)

기도로 아뢰기와 주기도

우리에게 구원의 큰 은혜를 허락하신 하나님, 먼저 오거나 늦게 오는 것과 상관없이 동일한 은혜를 우리에게 베풀어 주시니 감사합니다. 이 땅에서 남은 날 동안에 하나님께서 우리에게 주신 은혜만 바라보고 감사하는 우리가 될 수 있기를 원합니다. 예수 그리스도 이름으로 기도합니다. 아멘.

제9과 청함을 받은 자와 택함을 입은 자

주안점 / 천국잔치에 초청해 주신 하나님의 청함에 예수 그리스도로 옷 입고 믿음으로 응답합시다.

오늘의 믿음구호 외치기 _ "예수 그리스도로 옷 입고 믿음으로 아멘!"

★ 본문말씀 _ 마태복음 22:1~14

"청함을 받은 자는 많되 택함을 입은 자는 적으니라"(14절)

★ 함께 부르는 찬송 _ 찬송가 288장 1절

1. 예수를 나의 구주 삼고 성령과 피로써 거듭나니 이 세상에서 내 영혼이 하늘의 영광 누리도다
이것이 나의 간증이요 이것이 나의 찬송 일세 나 사는 동안 끊임없이 구주를 찬송하리로다

생각으로의 초대

영국 왕실의 사람들과 개인적인 관계를 맺어 본 적은 없지만 버킹엄 왕국의 주소가 적힌 초대장을 받는 즐거운 상상을 해봅니다. 만약 여왕 엘리자베스 2세께서 당신을 만나고자 한다면 그 초대에 꼭 응할 것입니다. 사실 역사적으로 볼 때 왕실의 초대는 '출두를 명함'이라는 말로 쓰였으며, 이 말 속에는 받을 수도 있고 받지 않을 수도 있는 '요청'이라는 뜻이 내포되어 있지 않습니다. 무조건 출두해야 합니다. 그런데 우리는 왕 중의 왕, 전 우주를 다스리시는 능력 있고 지엄하신 주님으로부터 '당신의 전에 들어와 찬양하라'는 어느 누구와 비교할 수 없는 초대를 받고 있습니다. 못 박히신 손으로 쓰신 그분의 초대장이 성경 전체에 산재해 있습니다. 그분이 우리를 오라고 부르십니다. 그분의 명령은 초대이며, 우리로 하여금 당신의 존전으로 들어오도록 하는 것이며, 그 존전에서 우리는 그분을 찬양해야 하는 헤아릴 수 없이 많은 찬양의 이유를 발견하게 됩니다. –그래함 켄트릭, 『경배』 중에서

말씀으로의 초대

왕의 초대를 무시한 사람들

왕은 자기 아들을 위해서 혼인잔치를 베풀었습니다. 종들을 보내어 사람들을 초대하였습니다. 그러나 사람들은 왕의 초대를 싫어하거나 귀찮아했고, 어떤 사람은 돌아보지도 않았습니다. 왕의 호의를 무시하며, 왕의 종들을 잡아 모욕을 하고 죽이기까지 하였습니다. 왕은 너무 화가 나서 즉시 군대를 보내어 진멸해 버렸습니다. 하나님은 우리들을 초대하셨습니다. 우리가 어떤 자격이 있어서도 아니고, 우리가 대단한 사람이여서도 아닙니다. 그냥 하나님은 우리를 사랑하셔서 초대하셨습니다. 만약 우리도 왕의 혼인잔치에 초대받은 사람들처럼 하나님의 초대를 싫어하거나 무시하거나 포악하게 반응한다면 우리는 세상에서 가장 불행한 사람입니다.

누구에게나 열려 있는 왕의 초대

왕은 종들을 다시 네 거리로 보냈습니다. 그리고 종들은 만나는 사람마다 누구든지 왕의 혼인잔치에 오라고 초대를 하였습니다. 왕의 혼인잔치에 초대된 사람은

어떤 조건이나 자격도 필요하지 않았습니다. 누구든지 오기만 하면 되는 것이었습니다. 왕의 초대는 누구에게나 열려 있는 초대입니다. 선한 자만 초대한 것이 아닙니다. 악한 자들까지도 초대하였습니다. 에스겔 선지자를 통해서 하나님은 이렇게 말씀하셨습니다. "나는 악인의 죽는 것을 기뻐하지 아니하고 악인이 그 길에서 돌이켜 떠나서 사는 것을 기뻐하노라"(겔 33:11). 누구든지 왕의 초대에 아멘으로 응답하면 왕의 잔치에 참석할 수 있고 왕의 즐거움을 누릴 수 있습니다.

예복을 입지 않은 한 사람

그런데 왕의 눈에 예복을 입지 않고 온 한 사람이 보였습니다. "왜 예복을 입지 않고 여기 들어 왔느냐" 왕이 물어보았을 때, 그 사람은 아무 대답도 하지 못하였습니다. 왕은 종들에게 명령하였습니다. "손발을 묶어 바깥 어두운 데에 내던지라 거기서 슬피 울며 이를 갈게 되리라" 왜 왕은 초대에 응했음에도 불구하고 예복을 입지 않았다는 이유만으로 무섭게 내던져버렸을까요? 사실 왕은 혼인잔치에 올 사람들에게 잔치에 입고 올 예복을 미리 나누어 주었습니다. 왕의 잔치는 누구에게나 열려 있고, 스스로가 준비할 그 어떤 자격과 조건도 없었지만, 왕이 보내 준 예복만은 반드시 입고 와야 했습니다. 하나님은 우리를 천국잔치에 초대하시고, 우리에게 우리가 입고 갈 예복을 미리 주셨습니다. 그 예복은 예수 그리스도입니다. 예수 그리스도로 옷 입은 사람은 누구든지 천국잔치에 들어갈 수 있습니다. 사도 바울은 "누구든지 그리스도와 합하기 위하여 세례를 받은 자는 그리스도로 옷 입었느니라"(갈 3:27)고 말씀하였습니다. 성경은 말씀합니다. "청함을 받은 사람은 많되 택함을 받은 사람은 적다" 예수 그리스도의 복음을 들은 사람은 많이 있지만, 예수 그리스도로 옷 입은 사람은 그렇게 많지 않다는 말씀입니다. 예수 그리스도로 옷 입고, 하나님의 초대에 믿음으로 나아가는 사람은 축복의 사람입니다. 예수님은 우리가 천국의 백성으로 충만한 즐거움을 누리게 하시려고 오셨습니다. 이제 우리는 예수님으로 옷 입은 축복의 사람들이 되었습니다.

어떻게 하면 이 땅에서도 천국의 기쁨을 가지고 살아갈 수 있을까요?

삶으로의 초대

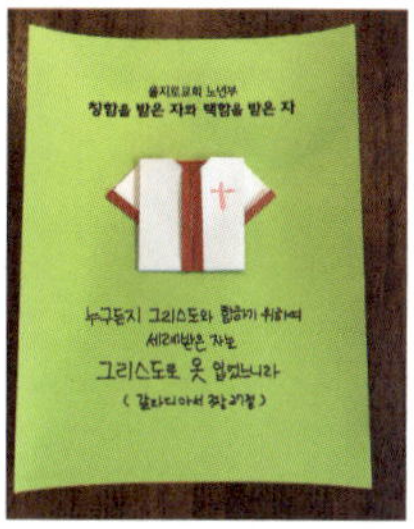

1. 내가 입은 예수 그리스도 옷 접기
- 준비물 : 단면색종이, 풀, 두꺼운 A4용지, 펜
- 소요시간 : 10~20분

① 내가 입은 예수 그리스도의 옷은 어떤 모습일지 이야기를 나눕니다.

② 단면 색종이를 활용하여 다함께 옷을 접어 봅니다.

③ 색종이로 접은 옷을 A4용지에 붙이고, 배운 말씀 내용을 생각하며 갈라디아서 3장 27절을 적습니다.

④ 서로가 만든 작품을 살펴보면서 예수 그리스도로 옷 입어 기쁨과 행복으로 살아갈 모두를 위해 함께 격려하며 다짐하는 시간을 갖습니다.

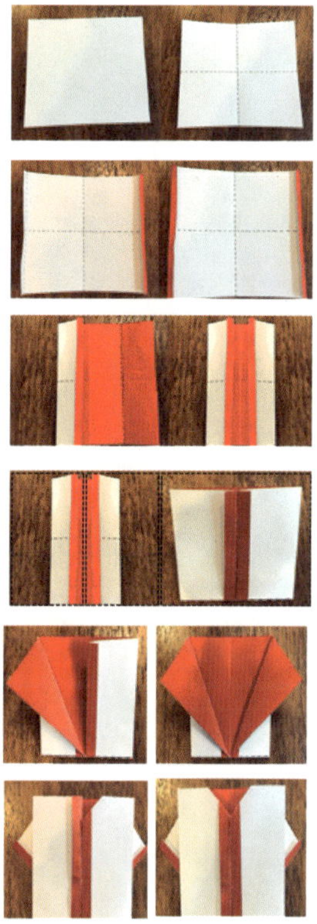

- 접는 방법:

① 상하와 좌우를 반으로 접었다 펼칩니다.

② 양 끝을 접어 줍니다. 두께는 크게 상관없으나 약 7mm로 접습니다.

③ 뒤집어서, 가운데 축에 맞추어 양쪽을 접습니다. (양문접기)

④ 점선을 따라 반을 접습니다.

⑤ 점선을 따라 양쪽을 대각선으로 펼쳐 줍니다.

⑥ 종이를 뒤집은 뒤, 가운데 양 쪽을 점선을 따라, 뒤로 접어 줍니다. (완성)

기도로 아뢰기와 주기도

자격이 전혀 없는 저희들을 천국잔치에 초대해 주신 하나님의 사랑에 감사를 드립니다. 이 땅에 사는 날 동안에도 예수 그리스도로 옷 입고, 천국의 백성으로 천국의 기쁨과 행복을 누리게 하여 주시옵소서. 예수 그리스도의 이름으로 기도합니다. 아멘.

제10과 기름을 준비하라

주안점 / 충분한 기름을 준비하는 참된 지혜자가 됩시다.

오늘의 믿음구호 외치기 _ "주님 다시 오실 때까지 날마다 천국입성을 준비하는 삶을 삽시다!"

본문말씀 _ 마태복음 25:1~13

"그런즉 깨어 있으라 너희는 그 날과 그때를 알지 못하느니라"(13절)

함께 부르는 찬송 _ 찬송가 176장 2절

2. 주 오늘에 다시 오신다면 부끄러움 없을까 잘하였다 주님 칭찬하며 우리 맞아 주실까

주 안에서 우리 몸과 맘이 깨끗하게 되어서 주 예수님 다시 오실 때에 모두 기쁨으로 맞으라

생각으로의 초대

누구에게나 찾아오는 인생의 수많은 기회가 있습니다. 하지만 대부분의 사람들은 그것이 자신에게 찾아온 기회라는 것을 모른 채 지나가는 경우가 많습니다. 왜냐하면 그 순간 그 기회를 잡을 준비가 되어 있지 않았기 때문입니다. 인생은 언제나 준비한 사람이 승리합니다.

인생에 있어 세 번의 기회가 온다고 합니다. 그러나 준비된 사람에게는 하루에도 세 번의 기회가 찾아올 것입니다. 그때는 그저 내 앞에 지나가는 기회를 한눈에 알아보고 꽉 잡을 수 있는 용기만 가지면 됩니다. 그러니 지금부터 잘 준비합시다. 인생을 바꿀 기회는 우리에게 보이지 않을 뿐 매 순간 찾아오고 있습니다. 좋은 기회를 만나지 못했던 사람은 하나도 없습니다. 그것을 포착하지 못했을 뿐입니다.

–『기회는 준비된 자에게 찾아온다』 데일 카네기

말씀으로의 초대

천국은 등을 들고 신랑을 맞으러 나간 열 처녀로 비유됩니다.

신랑을 기다리는 열 처녀가 있습니다. 언제 온다는 말은 없었지만 신랑이 그 밤에 오는 것만은 틀림이 없었습니다. 다섯 처녀는 그냥 집에 있던 등을 들고 나왔으나 다른 다섯 처녀는 여분의 기름을 더 준비하고 있었습니다. 신랑은 예상보다 밤늦게 왔습니다.

기름이 준비된 지혜로운 처녀는 신랑과 함께 들어갔지만 준비되지 못한 처녀들은 그 자리에 함께 할 수 없었습니다. 결국 지혜로운 것과 미련한 것이 천국에 들어가는 이유가 되었습니다. 다시 말해 천국백성은 믿음의 지혜를 소유하는 삶입니다. 겉모습으로는 천국에 들어갈 사람과 못 들어갈 사람의 차이가 없습니다. 모두 등을 들고 외모를 단장하고 있었습니다. 다른 점은 그들이 가진 기름에 있었습니다. 그것이 충분한 사람이 지혜로운 사람이었습니다.

예수님께서 재림하는 시간은 아무도 알 수 없습니다. 하지만 준비된 사람들에게는 아무런 두려움이 없을 것입니다. 기름만 충분히 준비되었다면 무슨 걱정이 있겠습니까. 문제는 충분한 기름에 있습니다. 기름이 예비되어야 합니다. 그리스도의 모든 공로와 모든 하신 일을 우리의 기름으로 삼아야 합니다. 그것은 절대로 다함이 없을 것입니다.

예수님과 함께 하는 삶이 우리 인생의 지혜, 기름이 됩니다.

인생은 준비로 시작해서 준비로 끝이 납니다. 인간은 이 세상에 태어나는 순간에 출산 준비의 주인공이 됩니다. 그리고 세상을 떠나는 죽음이 왔을 때도 죽음을 정리하는 장례식의 주인공이 되어 떠납니다. 준비하는 주인공으로 왔다가 정리하는 주인공이 되어서 가는 것이 인생살이입니다. 그래서 '인생은 준비하는 것'이라고 할 수가 있습니다. 인생은 어떻게 준비하느냐에 따라 성공적인 삶이 되기도 하고 실패하는 삶이 되기도 합니다.

열 처녀의 비유를 통해 기름을 준비하는 사람이 참 지혜자임을 가르쳐 주고 있습니다. 참된 지혜자는 자신의 지식과 경험 등을 믿는 게 아니라 그리스도를 믿는 자입니다. 그리스도의 모든 보화가 자기와 함께 있음을 믿어야 합니다. 그래서 비록 자신이 살아가지만 그리스도가 자기와 함께 살고 있음을 고백해야 합니다. 그것이 기름을 항상 예비하는 삶입니다. 내 의지가 강하고 내가 양심의 사람이라고 자랑하지 마십시오. 내 능력에는 언제나 빈틈이 드러나게 마련입니다. 참된 지혜자는 그리스도의 힘으로 사는 사람입니다. 예수님은 우리가 더 풍성한 삶을 누리도록 하기 위하여 오셨습니다. 그분을 의지하기로 결단하면서 오늘 하루를 살아갑시다.

삶으로의 초대

이번 주말 또는 평일에 노년부 구성원들(또는 노년부 전체 진행)과 함께 영화가 있는 오후를 준비합시다.

- 준비물:부서 준비-영화 파일, 프로젝트, 기본 식기 등
- 개인 준비:직접 담근 매실 또는 오미자 음료, 찐 고구마 등(각자가 준비해 올 수 있는 간식을 정하기)

※영화관에서 관람을 하는 경우, 공지 담당자, 식당예약 담당자, 영화관 예매담당자, 간식 담당자 등으로 나누어 진행하도록 합니다.

기도로 아뢰기와 주기도

지혜의 하나님, 연약하고 무지한 저희들에게 참된 지혜자이신 예수 그리스도를 이 땅에 보내 주셔서 감사합니다. 이 땅에 사는 동안 예수 그리스도를 의지하고 의존하면서 천국 입성을 준비하는 참된 지혜자로 살게 하여 주옵소서. 예수 그리스도의 이름으로 기도합니다. 아멘.

제11과 주인이신 하나님을 잘 섬기자

주안점 / 우리 인생의 주인이신 하나님을 잘 섬기며 삽시다.

오늘의 믿음구호 외치기 _ "우리는 주인이신 하나님을 잘 섬기는 자녀입니다!"

★ 본문말씀 _ 마가복음 12 : 1~12

"너희가 성경에 건축자들이 버린 돌이 모퉁이의 머릿돌이 되었나니 이것은 주로 말미암아 된 것이요 우리 눈에 놀랍도다 함을 읽어 보지도 못하였느냐 하시니라"(10–11절)

★ 함께 부르는 찬송 _ 복음찬양 "내가 그리스도와 함께"

내가 그리스도와 함께 십자가에 못 박혔나니
그런즉 이제 내가 산 것 아니요 오직 내 안에 예수께서 사신 것이라
이제 내가 육체 가운데 사는 것은 나를 사랑하사 자기 몸 버리신 예수 위에 산 것이라

생각으로의 초대

요즈음 많은 사람이 반려동물을 키웁니다. 반려동물을 마치 귀한 사람 대하듯 사랑으로 잘 돌보아 줍니다. 그런데 반려동물이 오히려 자신을 돌보아 준 주인을 물거나 주인에게 해를 끼치는 어이없는 사건들도 있습니다. 한번은 반려견이 주인에게 해를 끼친 끔찍한 사건이 있었습니다. 집에서 키우던 반려견이 주인의 발가락을 먹어 버렸습니다. 주인은 당뇨 합병증으로 발가락에 감각이 없었는데, 주인이 잠든 사이에 반려견이 그만 발가락을 먹은 것입니다. 발가락이 없어졌다는 신고를 받은 경찰이 반려견이 의심스러워 엑스레이 촬영을 했더니 배 속에서 발가락뼈가 발견되었다고 합니다. 이 사건을 보면서 주인을 알아보지 못하고 오히려 주인을 거역하고 불순종한 포도원 농부들을 떠올려 봅니다.

말씀으로의 초대

주인은 농부들에게 포도원을 맡겼습니다.

한 사람이 큰 포도원을 가지고 있었습니다. 이웃 나라에 가서 한동안 지내게 되자, 그는 포도원을 경작할 농부들을 불러 계약을 맺었습니다. 농부들을 믿은 주인은 계약을 맺고 포도원 운영을 맡기고 떠났습니다. 추수할 때가 되어서 주인은 이익금을 받으려고 종을 보냈습니다. 하지만 농부들은 주인이 종을 보낼 때마다 때리고 능욕하고 심지어 잡아 죽이기까지 했습니다. 참다못한 주인은 마지막으로 자신의 아들을 보냈습니다. '사랑하는 아들을 함부로 하지는 못하겠지.' 생각했기 때문입니다. 하지만 농부들에게는 통하지 않았습니다. 아들을 상속권자라고 여긴 농부들은 그를 아예 죽여 버렸습니다. 화가 난 주인은 직접 찾아가서 그 못된 농부들을 잡아 진멸하고 포도원을 다른 농부에게 줘 버렸습니다. 농부들은 은혜를 모르고 주인을 알아보지 못한 어리석은 사람들이었습니다. 우리 안에도 이런 어리석은 모습이 있습니다.

인생의 주인이신 하나님의 은혜를 기억하며 그분을 잘 섬겨야 합니다.

예수님은 이 비유를 통해서 우리가 얼마나 하나님의 은혜를 모르는지, 심지어 하나님께 불순종하고 대적하며 사는지를 깨우쳐 주십니다. 포도원 주인은 바로 하나님을, 포도원 농부는 이스라엘 백성 또는 우리를 가리킵니다. 그리고 주인이 보낸 종들은 하나님의 종들인 선지자들을 가리키고, 마지막에 보낸 주인의 아들은 바로 십자가에서 죽으신 예수 그리스도를 가리킵니다. 하나님께서는 우리에게 인생이라는 포도원을 맡기셨습니다. 우리는 농부가 되어서 하나님께서 맡겨 주신 인생을 잘 일구고 하나님께 영광을 돌리며 살아야 할 책임이 있습니다. 그런데도 많은 사람은 자기 욕심을 따라서 살고, 자기주장을 따라 사느라 하나님께 거역하고 대적합니다. 이는 하나님의 심판을 자초하는 참 어리석은 행동입니다. 지금까지 어떻게 살았든지, 이제는 하나님 앞에 다 내려놓고, 주인이신 하나님을 잘 섬기며 그분의 뜻에 맞게 살아야 합니다. 하나님을 잘 섬기고 하나님께 영광 돌리는 사람이 지혜로운 사람이고 그들의 삶이 바로 복된 것입니다.

주인이신 하나님을 잘 섬기는 것은 무엇을 어떻게 하는 것입니까?

삶으로의 초대

1. 하나님 잘 섬기기 인터뷰

– 준비물 : 스마트폰, 스크린(가능한 경우)

① 어떻게 하는 것이 하나님을 잘 섬기는 것인지 생각해 봅니다.

② 한 명씩 짤막하게 자신의 생각을 이야기합니다. 이때 발표 내용을 스마트폰으로 녹음 또는 촬영합니다.

③ 몇몇 분의 인터뷰를 마친 후, 스마트폰을 재생하여 학생들에게 녹음 또는 인터뷰 영상을 들려(보여) 줍니다. (가능한 경우 스크린과 연결하여 보여 줍니다.)

④ 인터뷰를 다 들은 후 나온 내용으로 아래 예시와 같은 문장을 몇 개 만들어서 함께 외칩니다.

"하나님을 잘 섬기는 사람은 ________합니다!"

기도로 아뢰기와 주기도

나의 주인이신 하나님, 우리가 앞으로는 주인이신 주님을 더욱 잘 섬기게 하옵소서. 주님을 잘 섬겨서 주님의 마음을 시원하게 해 드리며 살게 하옵소서. 예수 그리스도의 이름으로 기도합니다. 아멘.

제12과 자비를 베푸는 선한 이웃이 되자

주안점 / 예수님은 우리가 모두를 사랑하며 자비를 베푸는 선한 이웃으로 살길 원하십니다.

오늘의 믿음구호 외치기 _ "하나님의 사랑! 내게 주신 모든 것으로 갚으며 삽시다!"

★ 본문말씀 _ 누가복음 10 : 25~37

"이르되 자비를 베푼 자니이다 예수께서 이르시되 가서 너도 이와 같이 하라 하시니라"(37절)

★ 함께 부르는 찬송 _ 찬송가 218장 1절

1. 네 맘과 정성을 다하여서 주 너의 하나님을 사랑하라
네 몸을 아끼고 사랑하듯 형제와 이웃을 사랑하라
주께서 우리게 명하시니 그 명령 따라서 살아가리

생각으로의 초대

톨스토이의 단편 소설 중에 『사람은 무엇으로 사는가』라는 작품이 있습니다. 가난한 구두수선공이 추위에 떨고 있던 벌거벗은 사람을 발견하고, 자기가 입고 있던 외투와 수선해야 하는 장화를 신겨 집으로 데려옵니다. 그가 데려온 사람은 한 여자의 영혼을 거두어 오라는 하나님의 명령을 받았지만, 울며 보채는 갓 출산한 쌍둥이를 보고 차마 그 명을 수행하지 못해, 세상으로 추방된 미하일 천사였습니다. 그는 구두수선공의 집에서 살면서 하나님께서 풀고 오라 명하신 세 가지 진리에 대한 답을 찾습니다. 첫 번째 처음에는 불같이 화를 내지만 자초지종을 듣고 미하일과 함께 살기로 마음먹은 구두수선공의 아내에게서 인간 안에는 사랑이 있다는 것, 두 번째 비싼 가죽으로 장화를 만들라고 주문했던 부자의 죽음에서 인간에게는 자신에게 무엇이 필요한가를 아는 것이 허락되지 않았다는 것, 세 번째 자신이 낳은 아이는 죽었지만 엄마를 잃고 남겨진 여자 쌍둥이를 진심으로 사랑하며 보살펴 온 여인의 이야기를 통해 사람은 자신에 대한 걱정이 아니라 사랑으로 산다는 것입니다. 이 세 가지 해답을 얻은 미하일은 하늘로 돌아갑니다. 사람은 다른 사람을 사랑할 때 비로소 살아있는 존재임을 다시 한 번 깨닫게 하는 이야기입니다.

말씀으로의 초대

예수님은 우리에게 이야기로 말씀을 들려주십니다.

어떤 율법교사가 예수님을 시험하여 질문합니다. "선생님, 내가 무엇을 해야 영생을 얻겠습니까?" 예수님은 그에게 되물으셨습니다. "율법에 무엇이라고 기록하였으며, 너는 그것을 어떻게 읽고 있느냐?" 율법교사는 이미 '하나님 사랑'과 '이웃 사랑'이 율법의 핵심이라는 것을 잘 알고 있었기에 자신 있게 대답합니다. 예수님은 다시 말씀하십니다. "너의 대답이 정말 옳다. 그대로 행하여라. 그러면 살 것이다." 그런데 그가 옳게 보이고 싶어서 다시 질문합니다. "내 이웃이 누구입니까?" 예수님은 그에게, 그리고 우리 모두에게 강도 만난 사람의 이야기를 들려주십니다. 우리도 바로 이 지점에서 멈추어 서서 예수님의 이야기에 귀를 열어야 합니다. 예수님은 우리의 이웃이 누구인지, 누구를 사랑해야 하는지 정의해 주시지 않았습니다. 오히려 이웃을 향한 사랑이 어떻게 드러나야 하는지 들려주십니다.

예수님은 우리가 어떻게 이웃을 사랑해야 하는지 말씀하십니다.

첫째, 제사장과 레위인은 강도 만난 사람을 보았지만 피하여 지나갔습니다. 그러나 사마리아 사람은 그를 측은히 여겨 가까이 다가갔습니다. 죽어 가는 이를 외면하고 피하지 않았습니다. 둘째, 그가 입은 상처에 올리브 기름과 포도주를 붓고 싸맨 다음에, 자기 짐승에 태워서 여관으로 데리고 가 돌봐 주었습니다. 자기가 할 수 있는 모든 것으로 최선을 다해 도왔습니다. 자기가 가진 것을 쓰는 데 아까워하거나 망설이지 않았습니다. 셋째, 두 데나리온을 꺼내어 여관 주인에게 주었습니다. 한 데나리온은 노동자의 하루 품삯입니다. 하나님의 사랑을 입고, 그 사랑을 신뢰하는 믿음의 사람만이 베풀 수 있는 자비입니다. 넷째, 여관 주인에게 그를 부탁하면서 비용이 더 들면 돌아오는 길에 갚겠다고 약속했습니다. 도움이 필요한 자에게 한 번 관심을 갖고 자비를 베푸는 것은 쉬운 일입니다. 그러나 한 사람의 온전한 회복을 위해 지속적인 관심과 후원을 하는 것은 진정으로 어려운 사랑이요, 돌봄입니다. 다섯째, 예수님의 비유에서 가장 절묘한 장치는 강도 만난 유대 사람을 돕는 이로 사마리아 사람을 등장시키신 것입니다. 평소 유대인에게 개만도 못한 취급을 당하는 사람이 그 사랑의 행위로 경계를 넘어서는 기막힌 반전이 이 비유 속에 있습니다. 오늘날 교회 안에는 수많은 설교와 찬양, 기도가 넘쳐흐릅니다. 그러나 정작 봉사와 실천에는 수많은 이유를 대며 인색한 우리를 향해 예수님이 말씀하십니다. "너는 누가 강도 만난 사람에게 이웃이 되어 주었다고 생각하느냐? 가서 너도 이와 같이 하라!"

이웃이 누구인지를 묻지만, 시간과 에너지를 자신을 위해 쓰느라 정작 주변에 사랑과 친절을 베풀지 못하고 도움의 손길을 외면하고 있지는 않았는지 돌아봅시다.

삶으로의 초대

아래의 시를 읽고 묵상한 후, 각자의 생각을 나누어 봅시다.

몽당연필(이해인)

너무 작아 / 손에 쥘 수도 없는 연필 한 개가
누군가 쓰다 남은 이 초라한 토막이 / 왜 이리 정다울까

욕심 없으면 / 바보 되는 이 세상에
몽땅 주기만 하고 / 아프게 잘려 왔구나

댓가를 바라지 않는 / 깨끗한 소멸을
그 소박한 순명을 / 본받고 싶다

헤픈 말을 버리고 / 진실만 표현하며
너처럼 묵묵히 살고 싶다 / 묵묵히 아프고 싶다

기도로 아뢰기와 주기도

하나님, 자신의 것을 선뜻 내어 주지 못하는 인색한 사랑, 헤픈 말로 대신하는 부끄러운 사랑을 용서하여 주옵소서. 살아 있는 모든 날에 하나님의 은혜와 구원 외에는 대가를 바라지 않는 사랑을 실천하며 살아갈 수 있도록 말씀으로 풍성하게 채워 주시고, 힘을 더하여 주시길 간절히 원합니다. 예수 그리스도의 이름으로 기도합니다. 아멘.

제13과 하나님 안에 믿음의 부요한 자가 되자

주안점 / 세상의 모든 것이 유한함을 알고 영원한 하나님 나라를 소망하며
사명을 감당하면서 살아가는 어르신이 됩시다.

오늘의 믿음구호 외치기 _ "없어질 것 말고, 영원한 것을 바라보자!"

★ 본문말씀 _ 누가복음 12 : 13~21

"하나님은 이르시되 어리석은 자여 오늘 밤에 네 영혼을 도로 찾으리니 그러면 네 준비한 것이 누구의 것이 되겠느냐 하셨으니"(20절)

★ 함께 부르는 찬송 _ 찬송가 436장 1절

1. 나 이제 주님의 새 생명 얻은 몸 옛것은 지나고 새사람이로다
그 생명 내 맘에 강같이 흐르고 그 사랑 내게서 해같이 빛난다
영생을 누리며 주 안에 살리라 오늘도 내일도 주 함께 살리라

생각으로의 초대

노년부를 담당하는 목사님이 지난 주일에 예배에 결석한 어르신 집에 심방을 갔습니다. "안녕하세요. 어르신! 어제 주일예배 때 교회에서 못 뵈어 혹시 편찮으신지 궁금해서 왔습니다." 그러자 어르신이 대답을 하시는데 "이제 교회에 갈 필요가 없어요. 들어 놓은 연금이 이번 달부터 나오고, 적금도 많이 들어 놨고, 건강보험도 여러 개 있어서 교회 나갈 필요 없어요. 일요일에는 친구들과 여행 가니까 다시 찾아오지 마요." 늘 교회에서 운영하는 경로대학도 참석하시고, 가끔 주일예배에도 나오셨던 어르신인데 이렇게 말씀하십니다. 많은 돈과 물질이 있어서 더 이상 부족한 것이 없다고 하십니다. 보이는 것이 너무 많아서 당장 눈에 보이지 않는 천국이 필요 없다고 말씀하시는 안타까운 어르신들이 우리 주변에도 있지 않은지요.

말씀으로의 초대

가진 것이 많다고 살 수 있는 것이 아닙니다.

예수님의 말씀을 듣고 따라다니던 사람들 가운데에 한 형제가 유산 문제로 다툼이 생겼습니다. 그중 동생이 생각하기를 아마도 예수님이 말씀하시면 형이 말을 들을 것이라고 여겨서 예수님에게 부탁하기로 마음먹었습니다. "예수 선생님, 형이 유산을 저와 나눌 수 있도록 명령해 주세요." 그때 예수님께서 말씀하십니다. "이 사람아! 나는 자네들 재산 나누도록 명령할 수 있는 재판장이나 그런 권한을 가진 사람이 아닐세." 예수님이 보시기에 이 형제가 말씀을 많이 들었어도, 재물에 대한 탐심에 사로잡혀 서로 의가 상하고 사랑하지 못하는 상황이었습니다. 그래서 말씀하십니다. "가진 것이 많다고 살 수 있는 것이 아니다." 그러면서 어리석은 부자의 비유를 말씀해 주셨습니다.

어리석은 부자처럼 되지 맙시다.

한 부자가 밭에서 수확을 많이 하자 곳간이 작아 쌓아 둘 곳이 없어 고민했습니다. 그래서 곳간을 크고 넓게 새로 지어서 거기에 모든 곡식과 재물을 쌓아 두었습니다. 가득 쌓인 곡식과 재물을 보니 앞으로는 먹고사는 일에 걱정 없으니 즐기면서 살아야겠다는 마음이 들었습니다. 그렇게 이루어 놓은 자신이 대견하게도 느껴집니다. 그러나 그에게는 하나님도 이웃도 생각하는 마음이 없었습니다.

그때 하나님께서는 이 사람을 가리켜 "어리석다!"라고 하십니다. "네 영혼이 누구 것이냐? 오늘 밤에 내가 네 영혼을 찾아가면 네가 쌓아 놓은 것이 누구의 것이 되겠느냐?" 자신을 위해서 잔뜩 쌓아 놓았지만, 하나님께서 원하고 기뻐하시는 것에 관심이 없는 사람에 대해 오히려 부요하지 못하다고, 어리석다고 하십니다. 모든 것은 하나님께로부터 온 것인데 그걸 알지 못하기 때문입니다. 오늘 나는 하나님께서 보시기에 진정으로 부유하고 지혜로운 사람이어야 하겠습니다.

하나님께서 보시기에 현명한 사람은 자기 소유로 무엇을 하는 사람인지 생각해 봅시다. 하나님 안에서 부요한 것은 무엇일까요?

삶으로의 초대

하나님께서 주신 것을 인정하는 믿음이 있을 때, 우리는 영혼과 몸 그리고 모든 물질을 하나님께서 기뻐하시도록 사용할 수 있습니다. 하나님께서 내게 주신 좋은 것들에는 무엇이 있는지 생각해 보고 다섯 가지만 써 봅시다.

① ____________ ② ____________

③ ____________ ④ ____________ ⑤ ____________

하나님께서 보시기에 지혜로운 사람으로서 물질을 어떻게 사용할 수 있을지 써 보고 실천해 봅시다.

하나님을 위해서, ① ____________ ② ____________

이웃을 위해서, ① ____________ ② ____________

기도로 아뢰기와 주기도

은혜의 하나님, 저에게 있는 모든 것이 하나님께서 주신 것임을 알게 해 주시니 감사드립니다. 이제 하나님께서 기뻐하시는 일을 위해 가진 것을 쓰는 지혜로운 삶을 살겠습니다. 우리에게 영원한 천국을 예비해 주신 예수 그리스도의 이름으로 기도합니다. 아멘.

제14과 잃은 양을 찾는 목자 예수님

주안점 / 예수님은 누구라도 구원하기 위해 끝까지 사랑하고 은혜를 베푸는 분이십니다.

오늘의 믿음구호 외치기 _ "잃은 양을 목자에게로 인도합시다!"

★ 본문말씀 _ 누가복음 15 : 1~7

"내가 너희에게 이르노니 이와 같이 죄인 한 사람이 회개하면 하늘에서는 회개할 것 없는 의인 아흔아홉으로 말미암아 기뻐하는 것보다 더하리라"(7절)

★ 함께 부르는 찬송 _ 찬송가 304장 1절

1. 그 크신 하나님의 사랑 말로 다 형용 못하네 저 높고 높은 별을 넘어 이 낮고 낮은 땅 위에
죄 범한 영혼 구하려 그 아들 보내사 화목제물 삼으시고 죄 용서하셨네
하나님 크신 사랑은 측량 다 못하네 영원히 변치 않는 사랑 성도여 찬양하세

생각으로의 초대

제임스 화이트는 연약한 인간을 사랑하시는 하나님의 마음에 대해 키에르케고르의 글을 인용하며 생각해 보게 합니다.
"비천한 소녀를 사랑하는 왕이 있었다……모든 신하가 왕의 말을 두려워하며 왕 앞에서는 감히 불쾌한 말을 입 밖에 내지도 못했다. 모든 주변국이 그의 힘 앞에 떨며 결혼식에 사절과 예물을 보내지 않겠다는 생각을 감히 하지 못했다. 그러다 어느 순간 왕은 걱정이 되기 시작했다……그 소녀가 왕의 곁에서 행복할까?……그녀가 나는 왕이고 자신은 비천한 소녀라는 것을 다시 기억하지 않을 만큼 강한 확신을 가질 수 있을까?"
화이트는 하나님께서 인간의 사랑을 '사거나', 인간의 의지를 '힘으로 누를 수'도 있는 전능하신 분임을 상기시켜 줍니다. 그렇지만 그런 하나님께서는 한 사람 한 사람과의 관계를 한없는 사랑으로, 인격적인 방법과 대화로 맺는 분이심을 생각하게 해 줍니다.

당신은 하나님의 끝없는 사랑을 경험한 적이 있습니까?

말씀으로의 초대

예수님은 세리와 죄인들과 같이 소외된 자들과 친밀하게 지내셨습니다.

당시 유대 사회에서 세리와 죄인들은 소외계층이었습니다. 이들은 언제나 심한 멸시와 조롱을 받았습니다. 심지어 그들은 중요한 행사나 종교 모임에도 참석할 수가 없었습니다. 그런 그들을 예수님은 다른 유대인들과는 다르게 대하셨습니다. 세리와 죄인들은 평소에도 예수님이 가르치시는 말씀을 자주 들을 수 있었을 만큼 친밀한 관계를 누리고 있었습니다. 그래서 오늘 말씀에서도 '모든 세리와 죄인들'은 예수님의 말씀을 들으려고 '가까이' 다가왔습니다. 이 장면을 목격한 바리새인과 서기관들은 불편한 심기를 감출 수 없었습니다. 그래서 서로 예수님을 비난하기 시작합니다. 예수님은 그들이 수군거리는 것을 알아차리고 하나님의 자녀들이 사회에서 소외된 사람들을 대하는 올바른 방법과 태도에 대해 말씀해 주십니다.

목자에게 있어서 잃은 양을 찾은 기쁨은 상상을 초월합니다.

예수님은 수군거리는 바리새인과 서기관들을 향해 한 가지 비유를 들려주십니다. 어떤 목자가 양 백 마리를 돌보다가 한 마리가 없어진 것을 알게 된다면, 아흔아홉 마리를 들에 둔 채 잃어버린 한 마리를 찾으려고 이곳저곳을 찾아다니지 않겠느냐고 말씀하십니다. 만약 그렇게 애타게 잃어버린 양을 찾아다니다가 발견한다면 그 기쁨이 얼마나 클 것인지 생각해 보게 하십니다. 양을 되찾은 목자는 너무나 기뻐서 양을 '어깨에 메고' 돌아올 것이라고 말씀하십니다. 그리고 집에 와서도 잃은 양을 다시 찾은 기쁨이 흘러넘쳐서 친구들과 이웃과 기쁨을 함께 누리려고 잔치를 벌입니다. 목자가 잃은 양을 다시 찾은 기쁨이 얼마나 큰지, 양 한 마리 한 마리에 담긴 사랑이 얼마나 깊은지를 상상해 보게 하면서 한 사람의 회개가 하나님에게 얼마나 큰 기쁨인지를 들려줍니다. 이 이야기를 통해 예수님은 사회적 편견에 사로잡혀 있던 사람들에게 그 편견을 내려놓고 하나님의 뜻, 하나님의 마음을 삶에 채우도록 이끌어 주십니다.

소중하게 여기던 것을 잃었다가 다시 찾았던 경험이 있습니까? 잃은 양을 되찾아 구원을 얻게 할 때 느끼는 하나님의 기쁨을 어떻게 표현해 볼 수 있습니까?

삶으로의 초대

내가 하나님께 데려올 수 있는 어린 양은 누구입니까? 그 사람을 떠올리며 기도합시다.

기도로 아뢰기와 주기도

사랑과 은혜가 크신 하나님, 예수님이 들려주신 잃은 양 비유를 통해 하나님의 마음을 알게 하시니 감사드립니다. 일생 동안 구원받은 자로서 하나님과 동행하는 기쁨을 누리게 하시고, 잃은 양 같은 사람들이 다시 하나님을 기억하고 돌아오게 하는 일에 쓰임받게 하옵소서. 예수 그리스도의 이름으로 기도합니다. 아멘.

제15과 집 나간 아들을 기다리는 아버지

주안점 / 집을 나간 아들을 기다리는 아버지의 이야기는 우리 자신의 이야기가 되어야 합니다.

오늘의 믿음구호 외치기 _ "좋은 부모가 되어 신앙의 유산을 물려줍시다."

★ 본문말씀 _ 누가복음 15 : 11~32

"아버지는 종들에게 이르되 제일 좋은 옷을 내어다가 입히고 손에 가락지를 끼우고 발에 신을 신기라" (22절)

★ 함께 부르는 찬송 – 찬송가 277장 1절

1. 양떼를 떠나서 길 잃어버린 나 목자의 소리 싫어 먼 길로 나갔네
방탕한 이 몸은 큰 불효 행하여 아버지 음성 싫어서 먼 길로 나갔네

생각으로의 초대

2016년에 미국 프로야구 시카고 화이트 삭스에 애덤 라로쉬라는 선수가 갑자기 은퇴를 선언했습니다. 구단과 130만 달러(약 150억 원)의 계약을 앞두고 돌연 은퇴를 선언한 것입니다. 라로쉬가 은퇴를 선언한 이유는 다름 아닌 아들을 위해서였습니다. 라로쉬에게는 14세 아들 드레이크가 있었는데, 그는 화이트 삭스의 마스코트 같은 존재였습니다. 지난 시즌 홈경기는 물론 많은 원정경기에서 아버지와 함께 공을 줍거나 물을 가져다주는 등 선수들의 심부름꾼을 자처했습니다. 선수들은 밝고 예의 바른 드레이크를 '팀의 26번째 선수'라고 하며 아꼈습니다. 그러나 구단주가 선수들이 경기에 집중할 수 있도록 라커룸의 출입을 제한한 것입니다. 드레이크도 라커룸 출입을 할 수 없게 되었습니다. 라로쉬는 자신의 아버지가 코치였을 때 아버지를 따라 라커룸에 출입하면서 "아버지와 함께 야구장에 갔을 때 가장 행복했다."라고 하였습니다. 그 행복한 마음을 이제 자기 아들과 함께 나누고 있는데, 구단의 조치로 더 이상 라커룸에서 아들과 함께할 수 없게 되었습니다. 그는 "아들과 더 많은 시간을 보내고 싶다."면서 은퇴를 선언하였습니다. 애덤 라로쉬에게는 아들에 대한 사랑이 연봉 130만 달러보다 더 가치 있는 것이었습니다.

아버지는 자녀들에게 어떤 존재가 되어야 합니까?

말씀으로의 초대

잃었던 아들을 향한 아버지의 마음은 사랑입니다.

오늘 본문을 사람들은 '탕자의 이야기'라고 하며 탕자를 주인공으로 생각합니다. 그러나 정확한 제목은 '기다리는 아버지'에 대한 이야기이며, 주인공도 '아버지'입니다. 어떤 사람에게 두 아들이 있습니다. 둘째 아들은 아버지에게 유산을 미리 달라고 요구하고, 그 유산을 다 정리하여 외국으로 떠납니다. 그곳에서 방탕한 생활을 하면서 모든 돈을 허비하고 결국 거지가 되었습니다. 방탕한 생활로 모든 것을 허비한 아들은 돼지 농장에서 일하게 됩니다. 돼지는 유대인들에게 부정한 동물로 돼지 농장에서 일을 한다는 의미는 인생에서 가장 끔찍하고 치욕스러운 일을 경험하였다는 의미입니다. 아들은 그때에야 비로소 자신이 얼마나 행복한 가정에서 살았는지, 아버지가 얼마나 좋은 분인지를 알게 됩니다. 또한 자신이 아버지에게 얼마나 큰 죄를 지었는지 알게 됩니다. 그는 이제 아들이 아니라 종들 중에 하나로 살겠다고 생각하며 아버지에게로 돌아갑니다. 아버지는 매일 집을 나간 아들을 목이 빠져라 기다리고 있었고, 돌아온 아들을 보고 달려가 목을 안고 입을 맞춥니다. 그리고 종들에게 "제일 좋은 옷을 내어다가 입히고 손에 가락지를 끼우고 발에 신을 신기라. 그리고 살진 송아지를 끌어다가 잡으라. 우리가 먹고 즐기자. 내 아들이 죽었다가 다시 살아났으며 내가 잃었다가 다시 얻었노라." 그날에 큰 잔치가 있었고 아버지와 온 집안사람들이 즐거워하였습니다. 잃었던 아들을 다시 찾은 아버지는 기쁨을 감출 수 없었습니다.

신앙의 유산인 하나님 아버지의 사랑의 마음을 품어야 합니다.

예수님이 이 이야기를 하신 것은 바리새인과 서기관들이 예수님을 향해 "이 사람이 죄인을 영접하고 음식을 같이 먹는다."라고 했기 때문입니다. 예수님은 이 이야기를 통해서 하나님의 마음을 유대인들에게 전달하고자 했습니다. 아들이 아버지를 버리고 집을 나갔어도, 집을 나간 아들을 끝까지 기다리는 마음이 바로 하나님의 마음입니다. 하나님의 마음은 죄인이 돌아오는 것을 기뻐하는 마음입니다. 이것은 곧 이 땅의 모든 아버지가 품어야 할 마음이기도 합니다. 아버지가 바로 선 가정은 절대 무너지지 않으며, 신앙의 유산을 이어 가는 가정이 됩니다. 아버지는 언제나 신앙으로 바르게 서야 하고, 어떤 순간에도 사랑의 마음을 품고 살아야 합니다. 시간이 지나면 자녀들은 부모의 곁을 떠나 가정을 이룹니다. 그래서 젊었을 때 아버지의 역할과 나이가 들어서 아버지의 역할이 달라집니다. 하지만 아버지의 역할이 달라져도 변함이 없어야 하는 것은 '사랑의 마음'입니다.

사랑이 식어 버린 아버지가 자녀에게 신앙의 유산을 남길 수 있습니까?

삶으로의 초대

1. 자녀에게 편지 쓰기

– 준비물 : 노트, 편지지, 편지봉투, 펜

① 부모로서 과거의 삶을 묵상해 봅니다.

② 부모로서 좋았던 기억들을 노트에 적어 봅니다.

③ 부모로서 상처를 주었던 것들을 노트에 적어 봅니다.

④ 자녀들에게 꼭 하고 싶은 말을 노트에 적어 봅니다.

⑤ 적은 것을 토대로 편지를 씁니다.

※ 순서 : 좋았던 것, 상처 주었던 것, 용서를 구하기, 사랑한다고 고백하기, 꼭 전하고 싶은 말

⑥ 반드시 모두 거두어서 교회에서 우편으로 자녀들에게 발송합니다.

기도로 아뢰기와 주기도

늘 우리를 기다리고 사랑해 주시는 하나님, 우리를 부모로 세우셔서 진정한 사랑을 알게 하시니 감사드립니다. 아버지가 부르시는 그날까지, 자녀를 참된 사랑으로 사랑하며 양육하게 하여 주옵소서. 예수 그리스도의 이름으로 기도합니다. 아멘.

제16과 기도 응답의 비결

주안점 / 모든 문제의 해결은 간절하고 끈질긴 기도에 달려 있습니다.

오늘의 믿음구호 외치기 _ "주저하지도 멈추지도 말고 거침없이 간절하게 기도하자!"

★ 본문말씀 _ 누가복음 18 : 1~8

"하물며 하나님께서 그 밤낮 부르짖는 택하신 자들의 원한을 풀어 주지 아니하시겠느냐 그들에게 오래 참으시겠느냐 내가 너희에게 이르노니 속히 그 원한을 풀어 주시리라 그러나 인자가 올 때에 세상에서 믿음을 보겠느냐 하시니라"(7-8절)

★ 함께 부르는 찬송 _ 찬송가 364장 1절

1. 내 기도하는 그 시간 그때가 가장 즐겁다 이 세상 근심 걱정에 얽매인 나를 부르사
내 진정 소원 주 앞에 낱낱이 바로 아뢰어 큰 불행당해 슬플 때 나 위로받게 하시네

생각으로의 초대

아프리카 산골 어느 작은 마을에 복음이 들어와 마을 사람 거의 모두가 예수님을 믿게 되었습니다. 사람들은 마을에서 조금 떨어진 숲속에 저마다 자기의 기도처를 만들었습니다. 그리고 하루에 두 번 이상 정기적으로 기도처를 찾아가 서로를 위해, 지도자를 위해 기도했습니다. 그러다 보니 마을에서 기도처에 이르는 여러 개의 기도길이 생겼습니다. 마을 사람들은 그 길을 각자의 '기도의 길'(prayer path) 혹은 '나의 생명 길'(my life way)이라고 불렀습니다.
그런데 누군가가 기도를 게을리하고 기도처를 찾지 않으면 풀이 자라납니다. 그러면 신앙의 친구가 조용히 찾아가 이렇게 말해 준다고 합니다. "형제님(자매님), 당신의 생명 길에 풀이 많이 자랐어요." 그래도 변화가 없으면 그의 친구 몇이 대신 그의 기도처를 찾아 가서 기도해 준 다음 다시 그를 찾아가 이렇게 말해 준다고 합니다. "형제님(자매님), 우리가 당신의 생명 길을 닦아 놓았어요. 주님이 거기서 형제님을 기다리시는데 저희가 함께 가 드리겠습니다." 그러면 그들은 며칠간 그와 함께 동행하며 기도의 회복을 돕는다고 합니다. 여러분의 생명의 길 상태는 어떻습니까? 곁에 있는 이들이 생명의 길에 쉼 없이 나아가도록 돕고 있습니까?

말씀으로의 초대

우리는 쉼 없이 기도하고 낙심하지 말아야 합니다.

누가는 예수님이 본문의 비유를 말씀하시는 목적을 1절에서 밝히고 있습니다. 그것은 제자들이 항상 기도하고 낙심하지 않게 하기 위해서입니다. 쉼 없이 하는 기도는 하나님께 나아가 아뢰고 붙들고 의지하고 신뢰하는 것을 의미합니다. 하나님의 자녀에게 기도를 떠받치는 핵심 두 가지는 '겸손'과 '확신'입니다. 기도하는 삶은 '겸손'에서 시작되고, 겸손은 하나님 앞에서 자신의 정체성을 깨닫는 것을 의미합니다. 철저히 하나님께 의존하며 하나님 없이는 자신이 아무것도 아니라는 고백입니다(시 10 : 17). 또한 기도는 '확신' 위에 세워집니다. 확신은 하나님께서 우리에게 필요한 모든 것을 공급하는 전능하고 선한 분이시라는 믿음입니다(히 11 : 6).

하나님의 자녀는 겸손과 확신을 가지고 기도하며 믿음의 여정을 쉬지 않고 전진

해야 합니다. 그럼에도 예수님은 우리가 기도 중에 낙심할 것을 아시기에 낙심하지 말아야 할 것을 말씀하셨습니다. 사도 바울 또한 여러 번 낙심하지 말 것을 우리에게 명하였습니다(갈 6 : 9, 살후 3 : 13). 우리가 말씀의 확신을 가질 때 낙심하지 않을 수 있고, 그 약속의 말씀을 의지하며 살아갈 수 있습니다. 그 힘을 얻게 하는 강력한 도구가 바로 '기도'입니다. 그러므로 우리는 "인자가 올 때에 믿음을 보겠느냐?"라고 물으시는 주님 앞에 항상 겸손과 확신으로 쉼 없이 기도하며, 어떤 상황 속에서도 낙심하지 않아야 합니다.

기도의 응답은 간절하고 끈질긴 기도에 있습니다.

본문 말씀에는 불의한 재판장과 과부가 등장합니다. 예수님은 재판장이 마땅히 여호와를 두려워하는 마음으로 공의를 베푸는 자여야 함에도 "하나님을 두려워하지 않고 사람을 무시하는 자"(2절)라고 말씀하십니다. 그는 한마디로 '불의한 재판장'입니다. 또 다른 한 사람은 과부입니다. 예수님 말씀에 당시 종교 지도자들이 과부들의 가산을 삼킨다고 책망하셨던 것을 보면(눅 20 : 47), 과부들이 원통한 일을 많이 겪었던 것을 알 수 있습니다. 그래서인지 그녀는 자신의 원한을 풀어 줄 것을 요구하기 위해 불의한 재판장을 찾아갑니다. 불의한 재판장은 '얼마 동안' 그녀의 호소를 듣지 않습니다. 과부는 지치고 낙심할 수 있었습니다. 하지만 먼저 지친 쪽은 과부가 아니었습니다. 불의한 재판장은 과부의 원한을 풀어 주지 않으면 귀찮고 번거롭고 괴로운 일이 생길 것 같아 과부의 청원을 들어줍니다. 예수님은 그렇게 악한 재판장도 과부의 끈질긴 요구를 들어주는데, 하물며 하나님께서 자기가 택한 자들의 부르짖음에 귀를 기울이지 않으시겠냐고 물으십니다. 하나님께서는 우리의 간절한 기도에 응답해 주십니다. 그분은 우리가 당한 원통한 일들, 우리가 아파하며 흘리는 눈물, 우리가 견디고 있는 핍박과 고난을 결코 모른 체하지 않으십니다. 그러므로 하나님을 신뢰하며 구하는 간절한 기도, 끈질긴 기도가 있어야 할 것입니다. 바울은 우리에게 "자기 아들을 아끼지 아니하시고 우리 모든 사람을 위하여 내주신 이가 어찌 그 아들과 함께 모든 것을 우리에게 주시지 아니하겠느냐"(롬 8 : 32)라고 권면합니다. 기도는 삶의 중간에 끼워 넣는 전단지 같은 것이 아닙니다. 모든 삶이 기도를 위한 준비이며 기도의 결과라고 할 수 있습니다. 그러므로 기도의 사람 바운즈의 말처럼, "기도는 지칠 줄 모르는 힘과 거부될 수 없는 인내와 꺾이지 않는 용기로 강하게 구해야 합니다." 기도는 하나님의 자녀가 누리는 특권입니다. 기도할 때 승리할 수 있고 다시 일어설 수 있습니다. 하나님의 선하심이 우리 가운데 나타날지, 아니면 죄와 사탄의 능력이 우리 가운데 나타날지는 우리의 기도에 달려 있습니다.

나는 겸손과 확신으로 간절하고도 끈질기게 기도하고 있습니까?

삶으로의 초대

1. 말씀으로 기도하기

나를 자녀 삼으신 하나님께서 나의 모든 형편과 사정을 알고 계심을 믿고 예비하신 복과 은혜를 소망하며, 매일 말씀을 읽고 조용히 기도의 시간을 가져 봅시다.

기도로 아뢰기와 주기도

하나님, 삶의 자리에서 쉼 없이 기도하고 낙심하지 않게 하시고, 겸손과 확신으로 드리는 간절하고 끈질긴 기도로 하나님의 약속이 성취됨을 경험하게 하소서. 예수 그리스도의 이름으로 기도합니다. 아멘.

제17과 주님께 꼭 붙어 있는 믿음의 삶

주안점 / 예수님과 바른 관계 속에서 기도하며 열매를 맺어 나갑시다.

오늘의 믿음구호 외치기 _ "주님께 꼭 붙어 있어야 살 수 있습니다!"

★ 본문말씀 _ 요한복음 15 : 1~9

"가지가 포도나무에 붙어 있지 아니하면 스스로 열매를 맺을 수 없음같이 너희도 내 안에 있지 아니하면 그러하리라"(4절)

★ 함께 부르는 찬송 _ 찬송가 90장 1절

1. 주 예수 내가 알기 전 날 먼저 사랑했네 그 크신 사랑 나타나 내 영혼 거듭났네
주 내 맘에 늘 계시고 나 주의 안에 있어 저 포도비유 같으니 참 좋은 나의 친구

생각으로의 초대

사람들은 부부 관계, 부모와 자녀 관계, 친구 관계 등 여러 관계를 맺고 삽니다. 우리는 그들과 함께 있을 때도 있지만 여러 사정으로 멀리 떨어져 지낼 때도 있습니다. 부부가 맞벌이를 하는데 직장이 서로 다른 지역에 있을 수도 있고, 자녀들이 다른 지역에 가서 공부할 수도 있습니다. 그런데 포도나무와 가지의 관계는 다릅니다. 나무와 가지는 잠시도 떨어져 있을 수 없습니다. 가지가 포도나무에서 떨어지면 죽습니다. 부부나 부모 자녀 간에는 잠시 떨어져 있다가 다시 만날 수 있지만, 가지는 떨어져 나가면 다시 나무로 돌아갈 수 없습니다. 나무에서 떨어져 나간 가지는 어떤 가지이든 말라 버려서 땔감으로밖에 사용할 수 없습니다.

나무와 가지를 생각하면 누구와 누구의 관계가 떠오릅니까?

말씀으로의 초대

우리는 주님과 한순간도 떨어질 수 없습니다.

예수님은 "나는 참포도나무요, 너희는 가지라."라고 말씀하셨습니다. 예수님과 우리의 관계가 포도나무와 가지의 관계라는 것입니다. 포도나무와 가지가 한순간도 떨어질 수 없듯이, 우리도 주님과 한순간도 떨어져 있을 수 없습니다. 예수님은 "너와 나는 하나다."라고 말씀하십니다. 예수님은 이 말씀을 하신 이후에 겟세마네에서 기도하고 로마 군인들에게 붙잡혀 가셨습니다. 불안해할 제자들에게 "내가 떠나도 염려하지 말라. 나는 너희와 늘 함께한다."라고 말씀하십니다.

예수님을 믿는 자들은 자신이 주님과 떼려야 뗄 수 없는 관계라는 것을 인식해야 합니다. 상황에 따라서 나무에 붙어 있다가 떨어져 있다가 할 수 없습니다. 5절의 "나를 떠나서는 너희가 아무것도 할 수 없음이라"라는 말씀을 항상 기억하고 있는지 스스로에게 물어야 합니다. 우리는 주님을 떠나서는 아무것도 아니고 아무것도 할 수 없습니다.

가지는 열매를 맺어야 합니다.

나무와 가지는 연결되어 있습니다. 나무와 가지가 생명을 나누며 자라는 것입니다. 주님 안에서 드리는 기도가 그래야 합니다. 기도는 내가 뭔가를 얻기 위해서 하는 간구를 넘어서, 주님과의 생명의 나눔이 되어야 합니다. "원하는 대로 구하라 그리하면 이루리라"에 먼저 전제되는 것이 "너희가 내 안에 거하고 내 말이 너희 안에 거하면"입니다. 주님과 바른 관계 속에서 교제하는 것이 기도입니다.

가지는 나무와 함께 있을 때 열매를 맺을 수 있을 뿐 아니라, 그것이 가장 아름다운 모습입니다. 2절의 "무릇 내게 붙어 있어 열매를 맺지 아니하는 가지는 아버지께서 그것을 제거해 버리시고"라는 말씀에서 사도 요한 당시 신앙 공동체 가운데에도 열매를 맺지 않는 사람이 있었을 것이라고 추측할 수 있습니다. 우리 주변에 그런 모습이 있지는 않은지 늘 되돌아보아야 합니다.

마지막으로 9절에 "나도 너희를 사랑하였으니 나의 사랑 안에 거하라"는 예수님의 요청을 보면 열매를 맺되 특별히 사랑의 열매를 맺으라는 것을 알 수 있습니다. 예수님을 사랑하고, 이웃을 사랑하는 사람이 진짜 예수님과 하나 된 신자입니다.

나는 삶 속에서 사랑의 열매를 맺고 있습니까?

삶으로의 초대

내가 주님 안에서 열매 맺어 온 것들과 부족했던 점들에 대해 생각해 봅시다. 특별히 내가 맺은 사랑의 열매에는 어떤 것들이 있는지 생각해 봅시다.

- 준비물 : 도화지(인원 당 2장씩), 볼펜, 색연필, 미술도구

① 둘러앉은 후 도화지를 두 장씩 나누어 줍니다

② 한 장에는 열매가 주렁주렁 달린 포도나무를 그린 후, 신앙생활 중 열매를 맺었다고 생각하는 것들(사랑의 열매를 중심으로)을 써 봅니다. 또 다른 한 장에는 미처 열매를 맺지 못한 것들을 써 봅니다.

③ 자신이 그린 포도나무를 보여 주며, 맺은 열매에 대해 나누어 봅니다. 또한 미처 열매 맺지 못한 부분들을 고백하며, 새롭게 결단하고 서로 격려하는 시간을 가져 봅니다.

기도로 아뢰기와 주기도

사랑의 하나님, 주님과 바른 관계, 떼려야 뗄 수 없는 관계 속에서 살아가겠습니다. 바른 관계 속에서 기도하며 열매 맺는 하나님의 자녀로 살아가겠습니다. 예수 그리스도의 이름으로 기도합니다. 아멘.

제18과 무화과나무 비유-깨어 있으라

주안점 / 깨어 있는 삶으로 주님의 재림을 기대합시다.

오늘의 믿음구호 외치기 _ "신앙에 충실하자. 주 예수여 오시옵소서!"

본문말씀 _ 마가복음 13 : 28~37

"주의하라 깨어 있으라 그때가 언제인지 알지 못함이라"(33절)

함께 부르는 찬송 _ 찬송가 175장 1절

1. 신랑 되신 예수께서 다시 오실 때 밝은 등불 들고 나갈 준비됐느냐

그날 밤 그날 밤에 주님 맞을 등불이 준비됐느냐

예비하고 예비하라 우리 신랑 예수 오실 때 밝은 등불 손에 들고 기쁨으로 주를 맞겠네

생각으로의 초대

> 어린 딸이 교회에 갔다 오더니 엄마에게 이렇게 말했습니다.
> "엄마, 교회 갔더니 교회 선생님이 그러시는데, 이 세상의 삶은 천국의 삶을 준비하는 거래요. 엄마 생각에도 그래요?" 엄마는 딸이 너무 귀여워서 "맞지."라고 대답했습니다. 그러자 딸이 엄마에게 또 물었습니다. "엄마, 작년에는 독일에 갔다 오고, 올해는 영국에 갔다 왔잖아요. 엄마는 여행 갈 때마다 준비를 열심히 하는데, 왜 천국 갈 준비는 안 해요?"

재림하실 주님을 맞이할 준비로 사명에 충실하고 있습니까?

말씀으로의 초대

때를 분별하고 말씀 가운데 깨어 있어야 합니다.

예수님의 재림은 성도가 영광스러운 부활의 몸을 입게 되는 사건과 밀접하게 연관되어 있기에 성도는 그때를 기대해야 합니다. 그런데 그때를 아무도 모릅니다. 다만 예수님은 종말의 시기가 아니라 종말을 분별할 수 있는 징조를 말씀해 주셨습니다. 무화과나무의 가지가 연하여지고 잎사귀를 내면 여름이 가까이 왔음을 알 듯이, 종말이 가까이 왔음을 나타내는 현상들은 다음과 같습니다.

첫째, 사람들이 예수 이름으로 이 땅에 와서 자신을 그리스도라 칭합니다. 둘째, 거짓 선지자들이 나타나 성도들을 미혹합니다. 셋째, 지진과 기근이 있게 되면 재난의 시작이고 종말이 오고 있다는 것입니다.

이제 우리는 종말의 현상들을 인식하고, 하나님의 위대한 구속의 경륜에 감사드리고, 날마다 말씀으로 깨어 있어서 우리에게 주어진 아름다운 신앙생활에 최선을 다해야 합니다.

깨어 있는 믿음으로 사명의 삶을 살아야 합니다.

날이 갈수록 세상은 점점 더 악해지고 진리의 말씀으로부터 멀어져만 가는데, 우리의 영혼은 깊은 잠에 빠져 깨어날 생각을 않고 있습니다. 그러면 주님이 홀연히 임하시는 날 책망과 심판을 면치 못하게 될 것입니다. 그러므로 하루하루를 충실하게 살고 온갖 더러운 것에서 자신을 깨끗하게 지키고 영적으로 깨어 있어야 합니다. 늘 깨어 있는 신앙으로 부지런히 기도하며 주님 맞을 준비를 하고, 거짓 선지자들의 유혹에 빠지지 않도록 정신을 차리고 늘 말씀을 읽고, 듣고, 실천해야 합니다. 지금이 바로 신앙이 견고하게 성장할 수 있는 기회입니다. 육신의 정욕과 안목의 정욕과 이생의 자랑을 버리고 영원한 것을 위해 부지런히 살아야 합니다. 매사에 의롭고 거룩하게 살아야 합니다.

주님 만날 날을 기대하며 말씀과 찬양과 기도로 더욱 깨어 있는 신앙 가운데 믿음의 사명자로 살아갑시다.

나에게 하나님의 약속의 땅, 천국을 소망하는 데 힘이 되는 성경구절이나 찬송가는 무엇입니까?

삶으로의 초대

1. 예수님과 함께하는 액자 만들기

– 준비물 : 캔버스 액자(크기는 상황에 맞게 구입), 네임펜 또는 아크릴 물감

① 예수님과 자신이 동행하는 모습을 생각해 봅니다.

② 생각해 본 모습을 캔버스 액자에 그립니다.

③ 다양한 채색 도구를 활용하여 색칠합니다.

④ 완성된 액자를 집에 걸어 둡니다.

기도로 아뢰기와 주기도

하나님, 세상이 죄악으로 어두워지고 있습니다. 영적으로 깨어 있게 하셔서 날마다 말씀과 찬양과 기도로 굳건한 믿음 가운데 영적인 삶을 살아가게 하소서. 예수 그리스도의 이름으로 기도합니다. 아멘.

추수감사절-감사고백으로 이루는 샬롬

주안점 / 어려운 이웃을 돌아보고 나누는 것이 하나님의 은혜에 대한 진정한 감사임을 압시다.

오늘의 믿음구호 외치기 _ "하나님께 받은 은혜, 나눌 때 진정한 감사!"

★ 본문말씀 _ 신명기 16 : 11~12

"너와 네 자녀와 노비와 네 성중에 있는 레위인과 및 너희 중에 있는 객과 고아와 과부가 함께 네 하나님 여호와께서 자기의 이름을 두시려고 택하신 곳에서 네 하나님 여호와 앞에서 즐거워할지니라"(11절)

★ 함께 부르는 찬송 _ 찬송가 592장 4절

1. 말씀에 굳게 서서 씨를 뿌리면 날마다 단비 내려 가꿔 주시리
황무지 갈고 헤쳐 쉬지 않으면 풍성한 추수 때는 감사뿐이라
눈이 닿는 우주 공간에 손이 닿는 구석구석에 우리 주님 주신 열매 우리 주님 주신 알곡
감사하자 찬송하자 감사하자 찬송하자

생각으로의 초대

김 권사님에게 옆집에 사는 송 집사님이 저녁 늦게 찾아왔습니다. 집에 손님이 여럿 왔는데 장을 봐다 놓은 게 없어 대접할 것이 없으니 과일을 좀 빌리러 왔다고 합니다. 마침 권사님은 당신이 먹으려고 오늘 시장에서 사 가지고 온 좋아하는 사과와 배를 내어 주었습니다. 내일 낮에 장을 보면 갚겠다는 약속과 함께 송 집사님은 그릇도 몇 개 빌려 갔습니다. 그것을 가지고 저녁에 손님들을 잘 대접하였습니다. 그리곤 그 다음 날 낮에 송 집사님이 과일 가게에 들렀는데 자신이 좋아하는 복숭아를, 아주 좋은 것을 싸게 팔고 있는 것이었습니다. '싸고 좋은데 한 박스를 사야지.' 하고 복숭아 한 박스를 사 가지고 돌아왔습니다. 집사님은 어제 빌린 그릇에 크고 좋은 복숭아들을 골라 담아 권사님 댁으로 갔습니다. "권사님, 어제 빌려주신 그릇과 과일 감사했습니다. 너무 감사해서 이렇게 과일을 좋은 것들로 챙겨서 가져왔습니다." 그런데 이것을 본 권사님의 표정이 좋지 않았습니다. 왜일까요? 권사님은 복숭아 알레르기가 있었기 때문입니다. 감사는 내 기준이 아니라 받는 사람의 기준에서 해야 합니다.

내 기준과 내 생각만으로 불평하지는 않았습니까? 하나님께서 주신 참 사랑과 은혜에 감사하는 삶을 살고 있습니까?

말씀으로의 초대

기쁨은 함께 나누어야 합니다.

오늘 본문 말씀에는 곡식에 낫을 대는 첫날부터 7주를 세어 칠칠절을 지키라고 합니다. 우선은 하나님께서 거두게 하신 은혜를 감사하며 자원하는 마음으로 기쁨의 감사 예물을 드리라고 하셨습니다. 그리고 그 즐거움을 혼자 누리지 말고 너와 네 자녀(가족들)뿐만 아니라 어려운 사람들, 즉 노비와 성중에 있는 레위인들, 객과 고아와 과부가 함께 즐거워하라고 말합니다(11절). 여기서 핵심은 '함께'입니다. 함께 기뻐하고 즐거워하라는 것입니다. 어떻게 함께할 수 있습니까? 슬픔이 있고 가진 것이 없어 주리고 어려운데 어떻게 즐거워할 수 있을까요? 이웃들의 고통과 슬픔을 외면하지 말고 함께 기뻐하고 즐거워하도록, 거둔 것을 나누어 '함께'하라는 것입니다. 단지 내가 아니라 우리가 되어 감사하는 공동체가 되길 하나님께서는 원하십니다. 이것이 추수감사를 위한 감사 명령이며 진정한 감사의 방법입니다.

받은 은혜를 생각하며 나누어야 합니다.

12절에서는 감사의 이유로 너희가 애굽에서 종 되었었기 때문이라고 말합니다. 애굽에서 나그네였고 노예였고 고아나 과부처럼 가진 것이 없었음을 기억하라는 것입니다. 그런 네가 하나님의 큰 은혜를 받았음을 기억한다면, 하나님께 감사하는 동시에 곁에 있는 이웃을 당연히 돌아보고 부족함을 채워 주어야 한다는 것입니다. 그것이 하나님께서 기뻐하시는 진정한 감사의 방법이고, 하나님께서 정해 주신 추수감사의 규례, 절기를 지키는 것입니다.

추수감사주일을 위해 어떻게 감사를 준비하고 있습니까?

삶으로의 초대

하나님께 진정으로 감사하는 마음을 가진 사람은 내가 원하는 방법이 아니라 하나님께서 원하시는 방법으로 감사합니다. 하나님께서 원하는 감사는 죄인이고 부족했던 나를 은혜로 구원해 주고, 더하여 많은 것으로 베풀어 주신 하나님의 사랑을 이웃에게도 나누는 것입니다. 하나님께로부터 받은 것을 내 것이 아니라 우리의 것으로 함께 나눌 때 하나님께서 기뻐하시는 감사가 됩니다. 이를 위해 내가 찾아가 나눌 이웃과 나눌 것을 구체적으로 써 보고 실천해 봅시다.

이름	방문 일시	선물 내역	방문 여부

* 추수감사절 1~2주 전에 미리 방문해서 추수감사주일 예배에 초청하세요.
* 주님의 은혜를 기억하며 이웃에게 감사의 마음으로 선물을 전해 보세요.

기도로 아뢰기와 주기도

저를 사랑하셔서 좋은 것을 주신 하나님, 하나님께서 기뻐하시는 감사의 예배를 위해 내 곁에 있는 어려운 이웃에게 받은 은혜를 나누고 함께 감사의 예배를 드리겠습니다. 예수 그리스도의 이름으로 기도합니다. 아멘.

성탄절-큰 기쁨의 좋은 소식

주안점 / 예수님의 탄생은 온 인류에게 큰 기쁨을 주신 좋은 소식입니다. 성탄절은 죄인을 구원하려고 하나님의 아들이 오신 날이기 때문입니다.

오늘의 믿음구호 외치기 _ "예수님이 오셨습니다. 우리의 구원자가 오셨습니다!"

★ 본문말씀 _ 누가복음 2 : 8~14

"천사가 이르되 무서워하지 말라 보라 내가 온 백성에게 미칠 큰 기쁨의 좋은 소식을 너희에게 전하노라 오늘 다윗의 동네에 너희를 위하여 구주가 나셨으니 곧 그리스도 주시니라"(10–11절)

★ 함께 부르는 찬송 _ 찬송가 122장 1절

1. 참 반가운 성도여 다 이리 와서 베들레헴 성안에 가 봅시다
저 구유에 누이신 아기를 보고 엎드려 절하세 엎드려 절하세 엎드려 절하세 구주 나셨네

생각으로의 초대

예수님이 태어나신 당시의 이스라엘은 아무런 소망도 없이 힘들고 어려운 시절을 보내고 있었습니다. 나라는 로마 제국의 식민통치를 받고 있었고, 신앙은 타락하고 형식화되어 영적 능력을 잃어버렸고, 유대 지도자들은 탐욕에 빠져 권력과 결탁하여 백성을 괴롭히고 사리사욕을 채우기에 급급했습니다. 그래서 백성은 어디에서도 희망을 찾을 수 없었고 점점 더 고통과 가난과 절망에 빠져들 수밖에 없었습니다. 그래서 하나님께서 약속하신 메시야가 오시기를 간절히 사모하고 기대하고 기다리는 것밖에는 할 수 있는 것이 없었습니다. 그런데 하나님께서 오래전부터 선지자들을 통해 약속하신 메시야 예수님을 보내 주신 것입니다. 하나님께서는 예수님의 탄생을 통해 사랑과 신실하심을 보여 주시고, 자기 백성의 간절한 기도에 응답해 주셨습니다.

성탄절을 기다리는 대림절 기간 나의 마음과 생활은 어떠합니까?

말씀으로의 초대

큰 기쁨의 좋은 소식

한밤중에 천사들이 들에서 양을 치던 목자들에게 나타나 하나님의 아들 예수님이 태어나신 소식을 전해 주었습니다. 천사들은 "보라 내가 온 백성에게 미칠 큰 기쁨의 좋은 소식을 너희에게 전하노라 오늘 다윗의 동네에 너희를 위하여 구주가 나셨으니 곧 그리스도 주시니라"라고 하였습니다. 예수님의 탄생이 모든 사람에게 미치는 큰 기쁨의 좋은 소식이라고 하였습니다.

왜인가요? 예수님은 온 백성, 즉 이 땅의 모든 사람을 죄에서 구원하러 오신 분이시기 때문입니다. 온 세상의 구주이신 예수님은 우리를 위해서, 바로 나를 위해서 오셨습니다. 여기서 '그리스도'는 '메시야'라는 뜻으로 이스라엘 백성이 오랫동안 기다리고 바라던 하나님의 구원자를 의미합니다. 그분이 오셨기 때문에 큰 기쁨의 좋은 소식인 것입니다.

이것이 복음입니다. '복음'은 기쁜 소식이고 좋은 소식입니다. 거룩하신 하나님의 아들이신 예수님이 사람의 몸으로 우리를 찾아오셨기 때문입니다. 하나님의 아들 예수님이 죄인을 구하러 이 땅에 오셨다는 기쁜 소식이고, 예수님을 믿기만 하면 누구나 구원을 받기 때문입니다.

이 기쁨 소식은 전해야 합니다.

이 기쁜 소식, 좋은 소식을 다른 사람들에게 전해야 합니다. 천사가 들에서 양을 치던 목자들에게 예수님의 탄생 소식을 알려 준 것은 이 소식을 다른 사람들이 알게 하려는 것이었습니다. 그러므로 복음을 듣는 모든 사람은 이 기쁜 소식을 다른 사람들에게 전할 책임이 있습니다. 우리가 이 소식을 사람들에게 전하지 않으면, 그래서 그들이 복음을 듣지 못해서 구원받지 못하면, 그것은 전하지 않은 우리의 책임입니다. 그러나 그들이 듣고도 예수님을 믿지 않으면 그것은 우리의 책임이 아닙니다. 그러므로 사람들이 이 소식을 듣든지 아니 듣든지 그리고 듣고 좋아하든지 싫어하든지 관계없이 복음을 전해야 합니다. 기쁜 소식을 듣기를 좋아하는 사람이 아니라 기쁜 소식, 즉 구원의 복음이 필요한 사람에게 전해야 합니다.

우리의 구원자이신 예수님이 오셨다는 기쁜 소식을 누구에게 가장 먼저 전해야 합니까? 내 주위 사람들 중에서 구원의 기쁜 소식이 가장 필요한 사람은 누구입니까?

삶으로의 초대

1. 함께 만드는 축복의 크리스마스카드

기쁨의 성탄에 한 해를 돌아보며 감사하고 고맙고 은혜 받은 것을 크리스마스카드에 적고 정성껏 꾸며 나누어 봅니다.

– 준비물 : 크리스마스카드(인원수만큼), 사인펜, 파스텔 등

① 둘러앉은 후 크리스마스카드를 한 장씩 나누어 줍니다.

② 카드 위쪽에 자신의 이름을 적습니다.

③ 카드를 옆 사람에게 돌리고, 받은 카드에는 한 해 동안 고마웠던 점, 감사했던

점, 축복의 말 등을 그림이나 글로 써 줍니다.

④ 모두가 글을 적었다면 각자 자신의 카드 내용을 읽어 주거나 보여 줍니다.

⑤ 모든 활동이 끝난 후 카드를 예배당이나 부서실에 걸어 두면 좋은 전시 작품이 될 수 있습니다.

기도로 아뢰기와 주기도

사랑의 하나님, 우리를 위해서 아들 예수님을 이 땅에 보내 주신 것에 감사드립니다. 아무 희망도 없는 우리에게 이 기쁜 소식을 들려주시니 감사합니다. 이제 우리도 이 기쁜 소식을, 구원의 복음을 모든 사람에게 전하며 살겠습니다. 예수 그리스도의 이름으로 기도합니다. 아멘.

말씀
청춘